W0236879

COLLECTION
LES PIEDS SUR TERRE

DENIS SERRE

L'ÉCO citoyenneté de A à Z

NéRéE éditions

AVANT PROPOS

On n'a jamais autant parlé d'environnement qu'aujourd'hui.
Pas un jour sans être interpellé sur les dégâts des pollutions générées par l'Homme, sur les mutilations imposées à notre environnement. Pas un jour sans que nous sentions confusément que l'avenir, que l'on nous promettait radieux, est en retard.
Démographie galopante avec un milliard de plus d'humains, en vingt ans, sur une planète passée en surrégime où la consommation d'énergie et de ressources naturelles devient frénétique. La société consumériste occidentale, depuis cinquante ans, exporte dans le monde entier son modèle en bouleversant cultures et liens sociaux. La ville est son lieu de prédilection. Tentaculaire, elle accueille 80 % de l'humanité. La mégapole est devenue le symbole d'un nouveau type de développement : concentration de populations en expansion permanente, urbanisme anarchique, intensification du trafic automobile, pollution de l'air …
Treize ans après le premier «Sommet de la Terre» de Rio de Janeiro, acte fondateur d'une prise de conscience collective remettant en cause un type de développement, la situation, dans son ensemble, n'a pas connu d'involution significative. Il est à craindre que si nous ne réagissons pas le pire sera devant nous.
Tirer la sonnette d'alarme en énonçant que «la maison brûle» comme l'a récemment fait le président de la République, est certes salutaire. Conceptualiser un développement autre, soutenable ou durable semble tomber sous le sens. Tout cela, à la condition expresse que les beaux discours soient suivis d'actes. Le développement durable sera le nouvel humanisme du XXIe siècle, conjuguant l'économique avec l'exigence environnementale et sociale, à condition de l'extirper de la simple exploitation marketing dont il fait l'objet aujourd'hui. À condition qu'on s'engage du «global au local», à changer radicalement nos manières de concevoir et nos façons d'agir.
Agir n'est pas uniquement réservé aux autres, c'est aussi de notre responsabilité de peser sur notre quotidien, dans tous nos lieux de vie : à notre travail, dans notre cité, notre quartier, notre domicile…C'est aussi s'investir dans la *res publica*.

L'éco-citoyenneté revisite les principes de la citoyenneté, les revitalise en s'appuyant sur des bases écologiques. L'éco-citoyenneté est aussi une façon de faire vivre notre démocratie, de lui redonner la force et la vigueur que notre société de plus en plus technicienne a tendance à annihiler. Qui commence par s'intéresser au devenir de nos déchets, à la qualité de l'air, à la qualité de notre alimentation…finit par remettre en cause les logiques du système et par tenter d'en modifier les rouages. Ainsi l'éco-citoyen s'oppose à la déresponsabilisation de l'individu, il participe aux nouveaux cadres formels de concertation mis en place par le législateur, il récuse ce «meilleur des mondes» que lui vantent experts et autres agents de la techno-structure triomphante.
L'avenir n'est pas écrit, il dépendra des choix que nous ferons et particulièrement des choix des nouvelles générations, celles des après Tchernobyl, Bopal, Sévéso, de l'ESB, des OGM... Bien entendu, nul ne peut changer instantanément le cours des choses d'un coup de baguette magique, mais nous avons ensemble le pouvoir d'introduire par nos actes des changements notables dans nos vies comme dans notre société. Aucune politique environnementale audacieuse ne pourra voir le jour sans l'adhésion du plus grand nombre d'entre-nous, chaque avancée étant liée à un changement d'habitudes, de comportements, de gestes, à l'acquisition de nouveaux réflexes. L'économie énergétique realisée par le simple geste d'éteindre régulièrement chaque jour, dans tous les foyers français, la veille de tous les appareils électriques, permettrait de faire l'économie d'une centrale nucléaire !
Ce simple exemple d'action éco-citoyenne démontrerait toute l'efficacité concrète d'une prise de conscience collective. Nous n'en sommes pas là et la démarche éco-citoyenne est encore minoritaire et trop méconnue. Raison de plus pour s'atteler à la tâche. C'est la raison d'être de cet ouvrage qui se présente sous la forme d'un abécédaire de 136 rubriques. Son ambition n'est pas d'embrasser la totalité des thèmes ni de prétendre à l'exhaustivité de ceux qui sont traités, mais simplement d'être un outil mettant à la portée de tous, des informations sur l'urgence environnementale ainsi que quelques conseils de base. Cet outil devrait aussi vous familiariser avec de nouveaux concepts et vous permettre de savoir ce que recouvre un certain nombre de sigles que vous aurez, assurément, à connaître dans votre vie de citoyen…

Seule la redécouverte de l'initiative de l'individu est radicale en ces temp-ci.
Jacques ELLUL

Nous sommes au seuil d'une transition encore inaperçue : du passage d'une conscience politique fondée sur le progrès, la croissance et le développement -enracinée dans les rêves des Lumières - vers une nouvelle conscience encore anonyme, définie par des contrôles assurant un «système viable» de satisfaction des besoins. Le développement est bel et bien mort. Mais les experts qui nous ont donné les besoins s'affairent aujourd'hui à reconceptualiser leur cadeau, à redéfinir une fois de plus l'humanité. Pour survivre, assurent-ils, nous devons nous voir non pas comme des citoyens, mais comme des cyborgs, à l'image des systèmes immunitaires, des unités infinitésimales d'une série de systèmes inclusifs, finissant nul ne sait où. Le facteur principal doit être compris non pas comme un besoin, mais comme une exigence, un complexe d'exigence pour chaque système. Si ce point de vue s'impose, c'en est fini des hommes et des femmes.
Yvan ILLICH

AARHUS (Convention d')

À Aarhus (Danemark) s'est tenue, en juin 1998, une convention sur l'accès à l'information, la participation du public au processus décisionnel et l'accès à la justice en matière d'environnement. Cette convention est rapidement devenue une référence internationale constituant une avancée significative dans le domaine de la concertation. La participation des citoyens aux décisions relatives aux projets d'activités industrielles ou de réalisations d'ouvrages publics y fut encouragée. Cette convention d'Aarhus est historique car elle entérine pour la première fois la mise en place d'un processus décisionnel qui, si on en respecte l'esprit, devrait permettre à la société civile de peser dans les débats et donc d'infléchir les décisions prises.
Le concept de «bonne gouvernance», la mise en place de nouvelles structures de concertation comme le Conseil National du Débat Public ou les Comités de développement dans les communautés d'Agglomération, découlent directement des travaux de cette convention européenne.

Pour en savoir plus :
www.unece.org
www.avernes.net
Liens avec : CNDD, CNDP, CONCERTATION, GOUVERNANCE

AÉROSOLS

Ils contiennent un gaz propulseur. Pendant longtemps les CFC (Chloro-fluoro-carbures) ou fréons ont été utilisés comme gaz propulseurs de ces «bombes» présentes de la maison à l'atelier. Ces gaz étaient grandement suspectés d'attaquer la couche d'ozone qui protége la terre des rayons ultra violets du soleil. Ces aérosols sont utilisés comme agents d'expansion pour diverses fonctions (mousse à raser, insecticides, nettoyants de four, désodorisants…). En 1987 à Montréal (Canada) les principaux producteurs de CFC décidèrent de signer un protocole afin d'en stopper la production. En Europe depuis le 1er octobre 2000, les CFC ne peuvent plus être mis sur le marché. Les nouveaux gaz propulseurs de substitution ont fait depuis leur apparition.
Avant d'acheter des aérosols, adoptons les vaporisateurs, les diffuseurs, comme insecticides domestiques des plaquettes pièges…

Pour en savoir plus :
http:/prevair.ineris.fr
www.amisdelaterre.org
Liens avec : KYOTO, POP, SUBSTITUTION

AFFICHAGE

Plus de 25 % de l'affichage publicitaire en France se trouve dans l'illégalité la plus complète. C'est dire qu'il y a un réel problème d'affichage en France. Pourtant la loi du 29 décembre 1979 est un texte précis qui régit l'affichage publicitaire et les enseignes. Le Code de l'Environnement précise de son côté les conditions d'affichage, la surface, la densité, la taille des panneaux publicitaires, les interdictions... Rien n'y fait. Les infractions sont légion dans de nombreuses villes (aux entrées et sorties de ville notamment). La hauteur des affiches est peu respectée (maximum 6,50 mètres), sans parler de la dégradation des paysages, le long des routes à grande circulation.
Depuis la jurisprudence Quétigny de juillet 1996, les pouvoirs publics ont la possibilité d'agir. Dès constatation de l'infraction, à la demande d'une association agréée, maires et préfets sont tenus d'exiger de la société d'affichage la mise en conformité ou la suppression de l'espace publicitaire. Le maire peut, en outre, s'il en a la volonté politique, prendre un règlement de publicité local (RPL). Hélas, à ce jour, les autorités ne se bousculent pas pour publier des arrêtés de mise en demeure. Les actions illégales des afficheurs sont la conséquence directe de l'impunité dont ils bénéficient.
Les associations de défense qui interviennent auprès des autorités en les alertant des infractions commises ne doivent pas se décourager si ces dernières font la sourde oreille. La persévérance est, d'une façon ou d'une autre, toujours récompensée !
Les municipalités qui osent s'atteler à ce problème ne font, bien souvent, que déplacer le problème de la pollution visuelle publicitaire en concentrant leurs actions (recommandations ou interdictions) dans les quartiers historiques ou les quartiers résidentiels. Ce sont les quartiers défavorisés qui héritent le plus souvent des bataillons de panneaux publicitaires. Le mobilier urbain, lui-même, qui aurait du servir uniquement à délivrer les informations municipales aux habitants de l'agglomération, est utilisé aujourd'hui comme nouveau support à la publicité.
Autant sur la voie publique les afficheurs doivent obtenir une autorisation d'occupation du domaine public, autant sur un site privé la publicité n'est soumise qu'à un régime de simple déclaration.

Pour en savoir plus :
www.afirpourlenvironnement.org/campagnes/c17.htm
www.univers-nature.com
http://paysagesdefrance.free.fr
www.adbusters.org
www.fne.asso.fr
www.fondation-patrimoine.com
(Voir aussi : CODE DE L'ENVIRONNEMENT, PUBLICITÉ, URBANISME, ZPPAUP, ZPR)

AGENCE DE L'ENVIRONNEMENT ET DE LA MAÎTRISE DE L'ÉNERGIE (ADEME)

Créée en décembre 1990 et instaurée par le décret du 26 juillet 1991, l'ADEME est un établissement public à caractère industriel et commercial sous tutelle des ministères de l'Écologie, de l'Industrie et de la Recherche, qui a pour mission de concilier développement économique et social avec une utilisation rationnelle des ressources naturelles et l'insertion harmonieuse de l'homme dans son environnement. Ses compétences touchent aussi la pollution de l'air, les économies d'énergie et les énergies renouvelables, les nuisances sonores et le développement des technologies propres.
L'Agence, avec ses délégations régionales, agit sur l'orientation et l'animation des recherches, l'incitation, l'information et les prestations de service (soutien technique).

Pour en savoir plus :
www.ademe.fr
Liens avec : AIR, BRUIT, DÉCHETS MÉNAGERS, ÉNERGIES RENOUVELABLES, HABITAT, HABITATION

AGENDA 21

L'Agenda 21 constitue un plan d'action mondial de développement durable pour le XXe siècle. Sous forme de recommandations, il insiste plus particulièrement sur la réduction du gaspillage des ressources naturelles, sur la lutte contre la pauvreté, sur la protection de l'atmosphère, des océans, de la flore, de la faune, sur la mise en place de pratiques durables d'agriculture... Il a été adopté par 171 gouvernements présents durant l'été 1992 au «Sommet de la Terre» à Rio de Janeiro et continue à être un outil de référence.
Sa traduction pour les collectivités territoriales est l'Agenda 21 local qui vise, à son échelle, à favoriser les modes de production et de consommation économes en ressources (air, biodiversité, eau, énergie, sol...).
Aujourd'hui, tout projet d'Agenda 21 suppose que se constituent des réseaux partenariaux et participatifs. La concertation qui préside à tout esprit d'ouverture et d'écoute se doit d'être effective et procède d'une volonté politique.
Force est de constater que trop souvent ce qui rebute un bon nombre d'élus c'est la participation des populations. Ce volet démocratique est

malheureusement vécu comme la remise en cause de leur pouvoir. Il est illusoire d'évoquer l'élaboration d'un Agenda 21 si la concertation avec les populations reste lettre morte.
L'État s'est fixé comme objectif d'aider à la réalisation de 500 projets d'Agenda locaux en cinq ans. Le chemin sera long puisqu'en 2004 seulement 91 ont été élaborés.

Pour en savoir plus :
www.agenda21france.org
www.aed-dmf.com
www.comité21.org
www.cites21.org
www.formation21.org
www.association4d.org
www.localevaluation21.org
Liens avec : CHARTES POUR L'ENVIRONNEMENT, CONCERTATION, DÉVELOPPEMENT DURABLE

AGRICULTURE BIOLOGIQUE

L'agriculture biologique (ou agrobiologie) trouve son origine dans la révolution agricole qui a bouleversé l'agriculture après la seconde guerre mondiale avec la généralisation du machinisme et de l'utilisation des engrais et biocides.
L'agriculture biologique obéit à trois principes : qualité du produit, santé du consommateur, protection de l'environnement. Grâce à l'association Nature et Progrès, fondée en 1964, le bio s'est fait reconnaître du grand public. Réglementée par le décret du 10 mars 1981 l'agriculture biologique n'utilise pas de produits chimiques de synthèse (engrais chimiques ou pesticides) mais des fumures naturelles et des composts pour enrichir les sols.
Le produit biologique est garanti par le label officiel AB. Cela induit une certification bio assurant que les produits que nous mangeons sont au moins à 95 % sans intrants chimiques et garantis sans organismes génétiquement modifiés (OGM). Les produits sont soumis à un cahier des charges et à des contrôles réguliers. L'identification du producteur doit être enregistrée sur le produit.
Ne confondons pas le produit bio labellisé avec celui qui vous est proposé issu de l'agriculture raisonnée qui aura été traité, certes, avec moins de pesticides de synthèse que le produit courant mais dont le cahier des charges est beaucoup moins draconien.

Aujourd'hui, l'augmentation du marché de l'agriculture biologique dans les pays industrialisés est de 15 à 30 % par an ! En deux ans, le nombre de Français ayant consommé un produit issu de l'agriculture biologique a fait un bond en avant : 44 % en 2004 contre 37 % en 2003. Plus de 4 français sur 10 consomment au moins un produit bio.
Cette agriculture occupe 1,8 % de la surface agricole utile (SAU) de l'hexagone, ce qui range le plus grand pays agricole de l'Union Européenne, qu'est la France, à seulement une petite quatrième place. La région Midi-Pyrénées demeure la première région française pour les surfaces cultivées en bio avec 23 500 ha et l'Aveyron, le premier département français. L'objectif national pour 2005 est d'atteindre les chiffres de 25 000 producteurs et un million d'hectares consacrés à l'agriculture biologique.
De façon générale, bio ou non bio, consommons des produits frais de saison (meilleure teneur en vitamines). Méfions-nous des produits trop conditionnés qui ont voyagé ou stationné en chambre froide et qui ont été irradiés (ionisés), sans pour autant être soumis à une législation stricte et contrôlée pour en rallonger leur durée de conservation. Lisons attentivement les étiquettes. N'hésitons pas à questionner nos commerçants sur l'origines des produits à la vente. Excluons de nos assiettes les aliments dont on sait qu'ils ont été soumis à des irradiations.
Dans les circuits de la distribution le bio se retrouve partout, 65 % des consommateurs de produits biologiques se sont fournis en grandes surfaces en 2004. Pourtant le bio a son réseau de magasins qui est sorti depuis longtemps de la confidentialité des années soixante-dix. Aujourd'hui les magasins au label AB sont présents dans tous les départements.

Pour en savoir plus :
www.vitrinebio.com
www.alliancepec.org
www.agencebio.org
www.agrobio.com
www.uipp.org
www.biocoop.fr
www.reseaucocagne.asso.fr
www.terrevivante.org
Liens avec : COMPOST, LABELS, OGM, TRACABILITÉ

AIR

La qualité de l'air est vitale pour les occupants de la planète agressée par des pollutions constantes... qui ignorent les frontières ! Le citadin est exposé aux émanations toxiques des automobiles. Les progrès et les réglementations des industries et des systèmes de chauffage obtenus depuis vingt ans sont hélas annihilés par les augmentations du trafic routier et de la consommation énergétique. Le dioxyde de carbone (CO_2), l'oxyde d'azote (NOx) les émanations cancérigènes de l'hexachlorure de benzène (gHCH), de soufre, de plomb, sont un cocktail meurtrier pour notre santé et favorise l'effet de serre responsable du réchauffement sensible de la planète.

Les éco-citoyens, qui font l'effort d'oublier leur voiture pour les courtes distances, sont souvent bien mal récompensés. En essayant de redécouvrir le plaisir de la marche à pied ou du vélo en ville, ils se retrouvent à respirer, bien malgré eux, les gaz d'échappement de leurs concitoyens !

Selon la nouvelle Agence Française de Sécurité Sanitaire Environnementale (AFSSE), créée en mai 2001, la pollution de l'air en ville serait responsable de la mort de milliers de personnes. Pour les victimes de cette pollution atmosphérique, les maladies cardio-vasculaires arrivent en tête devant les cancers du poumon. La nouvelle Agence est saisie obligatoirement pour la fixation des valeurs limites de l'air. Depuis le 1er janvier 2000 est mis en place sur tout le territoire français un dispositif de surveillance de la qualité de l'air avec un réseau de mesure, prévu par l'article L 221-2 du Code de l'Environnement.

Contrairement aux idées reçues, la concentration des polluants dans les habitations est souvent supérieure à celle rencontrée à l'extérieur. Le confinement des locaux, de plus en plus isolés et de moins en moins ventilés, favorise le développement de polluants biologiques (acariens, moisissures, poils d'animaux...) de polluants chimiques (monoxyde de carbone ou oxyde d'azote). À côté des risques classiques liés à des défauts d'installation et d'entretien des appareils de chauffage ou de climatisation (intoxication et infections de type légionellose), la dégradation de la qualité de l'air dans nos habitations favorise aujourd'hui l'apparition de «risques nouveaux» pour notre santé, comme l'asthme et autres allergies respiratoires.

Une bonne ventilation et une bonne qualité d'entretien des appareils existants sont les deux priorités à respecter.

Pour en savoir plus :
www.afsse.fr
www.air-interieur.org
www.cstb.fr
http:/prevair.ineris.fr
www.effet-de-serre.gouv.fr

www.ademe.fr
Liens avec : BIOCARBURANTS, HABITATION, PDU, POP, PPA, VILLE DURABLE, VOITURE

AMIANTE

La toxicité de l'amiante est connue depuis le début du XXe siècle. Encore aujourd'hui on estime que près de 3000 personnes décèdent chaque année directement à cause des effets par inhalation de fibres d'amiante provoquant un cancer du poumon. Pourquoi la France continue-t-elle à minimiser le nombre de malades de l'amiante, alors qu'un pays comme le Danemark, qui a dix fois moins d'habitants, en reconnaît trois fois plus que dans notre pays ?
L'amiante a été utilisé pour l'isolation des bâtiments. On trouve beaucoup d'amiante dans les bâtiments construits dans les années soixante-dix, ce qui a conduit les collectivités à mesurer les teneurs en amiante dans les écoles, collèges, lycées... et à fermer et à rénover les locaux suspects. Le ministère de l'Écologie évalue à 100 millions de mètres carrés la superficie des flocages ou des calorifugeages à base d'amiante. On estime aujourd'hui à 200 000 tonnes les déchets d'amiante friables, extrêmement toxiques pour l'homme, qui sont et seront stockées dans des centres de stockage de classe I et à 400 000 tonnes les déchets d'amiante-ciment à orienter vers des centres de stockage de classe II.
C'est seulement depuis le 1er janvier 1997 que l'utilisation de tous les produits contenant de l'amiante a été interdite, alors que la dangerosité de l'amiante avait été démontré en 1955 par des études en Angleterre. Le Conseil d'État le 3 mars 2004 a reconnu la responsabilité de l'État, ce qui risque d'avoir quelques incidences sur les 7 000 plaintes au pénal qui sont en cours dans notre pays.
Les propriétaires des immeubles construits avant le 1er juillet 1997, qu'il s'agisse de personnes physiques ou morales, doivent avant travaux ou démolition faire réaliser un repérage des matériaux et produits contenant de l'amiante et faire connaître les résultats aux intervenants.
Il ne faut pas hésiter à demander à notre mairie si le taux d'amiante de l'école, du collège, du lycée de nos enfants a été mesuré. Attention, si on est bricoleur, au sciage de certains matériaux susceptibles de contenir de l'amiante comme les plaques ondulées, certaines jardinières, etc... Lisons attentivement les notices.

Pour en savoir plus :
http://andeva.free.fr
www.inrs.fr/index-nouv.html

www.inertam.com
www.industrie.gouv.fr
www.senat.fr/rap/o97-041/o97-041_toc.htm
Liens avec : CENTRES DE STOCKAGE, HABITATION, PRÉCAUTION

ANIMAUX DE COMPAGNIE

Les Français détiennent le record européen : un chien pour trois foyers. Chats et chiens confondus, une personne sur deux a son animal domestique. Cet engouement pour les animaux a son revers de la médaille : les abandons sont de plus en plus fréquents (surtout en période estivale) et les refuges existants, toujours bondés, ont du mal à assumer. Sans oublier la divagation des animaux domestiques qui est passible d'amendes, ni les poursuites judiciaires en cas d'accident. La prolifération des animaux est aussi le résultat de commerces et de trafics divers.

Aussi mignon soit-il, Médor fait des crottes qui coûtent cher au contribuable : 1,5 euros environ TTC pour l'enlèvement d'une crotte, en ville, par un engin spécialisé (moto-crottes). À chacun d'être responsable de son chien. **Apprenons lui à faire ses besoins dans le caniveau, et ramassons ses déjections avec un sac en plastique quelquefois mis à notre disposition par les municipalités soucieuses de la propreté de leur ville. N'oublions pas de le faire vacciner et ne le laissons surtout pas divaguer.**

Souvent le maître refuse de croire, de bonne foi, que son sage compagnon a pu aboyer des heures entières. Et pourtant… Attention, des plaintes peuvent être déposées dans les commissariats de police, les mairies et les gendarmeries. De quoi gâcher la vie de tout le monde, du maître et des voisins. Avoir un animal domestique dans sa vie suppose être conscient de ses devoirs envers lui. Il ne faut jamais le considérer comme un objet mais comme un être vivant qui peut aussi souffrir.

Réfléchissons bien avant d'accueillir un animal. Pensons aussi à faire un don annuel au refuge qui accueille avec compétence les laissés-pour-compte à quatre pattes.

Pour en savoir plus :
www.spa.asso.fr
www.30millionsdamis.fr
Liens avec : BRUIT, VILLE DURABLE

ASSOCIATION

La loi du 1er juillet 1901 permet aux citoyens de s'organiser en association. Fonder une association est relativement simple. Après avoir choisi le président, le trésorier et le secrétaire puis défini le nom, le but, les statuts et l'adresse du siège social, il est nécessaire de déclarer cette nouvelle association à la préfecture de son département et de payer l'insertion au Journal Officiel. Les formalités : une lettre d'intention en deux exemplaires, spécifiant le nom, l'adresse du siège social, l'état civil des membres du conseil d'administration ; deux exemplaires des statuts sur papier libre, datés et signés. Cette formalité permettra à votre nouvelle association de percevoir l'argent des cotisations dont le montant aura été fixé par votre conseil d'administration, et d'avoir un local administratif. Des statuts-type sont généralement proposés par les préfectures ou plus élaborés par les associations nationales de protection de l'environnement comme France Nature Environnement (FNE).

Pour en savoir plus :
www.journal-officiel.gouv.fr
www.interieur.gouv.fr
www.fne.asso.fr
www.juris-associations.com
Liens avec : CADA, CNDD, CNDP, CONCERTATION, CONSEIL DE DÉVELOPPEMENT, GOUVERNANCE

ASSOCIATIONS DE PROTECTION DE LA NATURE ET DE DÉFENSE DE L'ENVIRONNEMENT

L'éco-citoyen veille à la sauvegarde du patrimoine naturel dans lequel il vit. Il s'informe, et, autant que faire se peut, participe à la gestion et à la protection de la nature. Chaque citoyen, via ses fonctions professionnelles ou électives ou à travers des associations, peut jouer un rôle actif dans la défense de l'environnement. Les associations, au nom du patrimoine commun et de l'intérêt collectif peuvent, sous certaines conditions, se constituer partie civile ou agir devant les juridictions civiles ou administratives (voir art. L 142-1 du Code de l'Environnement). Plus de mille associations dites aussi organisations non gouvernementales (ONG) sont recensées sur le territoire français, représentant près de 700 000 défenseurs de la cause environnementale. Aujourd'hui les grosses associations de défense de l'environnement estiment qu'il est temps de passer de la contestation ou de la revendication pure à une logique de concertation voire de proposition.

Malheureusement la situation financière des associations françaises s'est notablement dégradée et entrave le développement de leurs activités. Le paradoxe tient au fait que, par delà des discours officiels et convenus prônant une participation citoyenne, l'État diminue les crédits alloués aux divers groupements de défense de la nature, agréées et reconnus d'utilité publique, au moment où ces derniers sont de plus en plus sollicités pour intervenir dans le débat public. On le sait peu mais le travail des associations passe bien souvent par la participation bénévole aux consultations publiques et aux réunions avec les représentants des collectivités locales, territoriales et avec les divers services de l'État. Le défraiement de cette participation par l'État est récent et la somme reversée aux associations présentes à ces réunions de travail s'apparente à une aumône.
L'union fait la force. N'hésitons plus à adhérer à l'association dont les objectifs nous sont proches. Les associations sont souvent regroupées au sein de fédérations qui vous aiguilleront utilement. Intéressons-nous, en amont, aux projets qui touchent notre cadre de vie, afin d'éviter les conflits en aval. La démocratie ne s'use que si l'on ne s'en sert pas !

Pour en savoir plus :
www.amisdelaterre.org
www.greenpeace.fr
www.fne.asso.fr
www.ww.fr
http://vosdroits.service-public.fr/particuliers
Liens avec : CONCERTATION, ECO-CITOYENNETÉ, ÉCOLOGIE, ENVIRONNEMENT, GOUVERNANCE

BASSIN VERSANT

Le bassin versant ou bassin d'alimentation ou encore bassin hydrographique est une unité territoriale, un espace géographique alimentant un cours d'eau qui le draine. Le bassin versant a pour axe le cours d'eau principal et pour limite la ligne de partage des eaux (ligne de crête) le séparant d'autres bassins versants adjacents. Il se définit aussi par une partie basse où les eaux tombées se concentrent constituant ainsi une masse d'eau (cours d'eau ou lac). Son action hydrologique dépend de la nature des sols, de leur structure géologique, de leur couverture végétale et, bien sûr, du climat qui l'affecte. On doit considérer la gestion des eaux toujours à l'échelle du ou des bassins versants concernés.

Pour en savoir plus :
www.oieau.fr/amont-aval
Liens avec : INONDATIONS, PPR, RIVIÈRE, SDAGE

BIOCARBURANTS

La circulation automobile est indéniablement aujourd'hui le principal facteur de pollution de l'air. Chaque automobiliste a donc sa (petite ou grande) part de responsabilité. La France, en privilégiant le transport des marchandises par la route depuis des dizaines d'années, a promu le moteur diesel avec un gazole moins taxé que les autres carburants, quoique plus polluant. Le super sans plomb, moins polluant, reste encore trop taxé, alors que l'industrie automobile est prête à jouer le jeu de la moindre pollution.

Les biocarburants sont destinés à remplacer les carburants traditionnels. Ils sont mis en avant pour trois avantages principaux : leur caractère renouvelable, leur moindre impact sur l'effet de serre et enfin leur contribution à une diversification des sources énergétiques. En comparaison avec le pétrole, très polluant, les biocarburants sont plus intéressants sur ces trois points. Les biocarburants, mis au point par l'Institut Français du Pétrole (IFP), sont tirés d'oléagineux comme le colza et le tournesol qui donnent des huiles végétales. Un hectare de colza produit 1 360 litres d'ester. Le mélange de gazole et d'ester donne le diester. L'éthanol, réservé aux moteurs à essence, produit par la fermentation des sucres, pourrait être mélanger à l'essence dans une proportion de 10 à 15 % dans les années à venir au grand dam des puissants lobbies pétroliers. La mise en place de ces biocarburants, dosés et mélangés avec les carburants usuels, participe (bien modestement certes) à la réduction des émissions de gaz à effet de serre. Chaque tonne de diester utilisée à la place du gazole économise 2,5 tonnes d'équivalent en gaz carbonique (CO_2). Un véhicule roulant au diester, en mélange à 30 % qui est un optimum environnemental, réduit de 23 % ses émissions à effets de serre par rapport au gazole. Même si la production des biocarburants s'est développée ces dernières années, cela reste toutefois marginal.

L'usage de carburants propres dépend de la volonté de l'État de réduire la dépendance énergétique nationale et de faire des choix politiques clairs en matière de transports. Techniquement il serait possible de remplacer en France jusqu'à 10 % de carburants classiques par du biocarburant d'ici 2010-2015. Dès 2005, une incorporation indicative de 2 % de biocarburants est prévue pour les carburants utilisés en Europe. Pour y répondre la France devrait cultiver 400 000 hectares d'oléagineux contre 300 000 aujourd'hui. Une directive européenne fixe le cap à 5,75 % de biocarburants en 2010. À l'heure actuelle les voitures roulant au Gaz de Pétrole Liquéfié (GPL), ou mieux encore au gaz naturel (composé de méthane) sont, sans conteste, les moins polluantes et les plus économiques. Il est plus que temps de renouveler le parc de bus urbains, soit en gaz naturel véhicules (GNV), soit avec une adjonction significative de biocarburants. Il serait aussi temps d'exiger que les compagnies pétrolières et l'État baissent sensiblement la taxation

sur les «carburants propres» et arrêtent d'invoquer un surcoût de transformation supérieur au raffinement classique… À ce jour, 7 États membres ont exoneré intégralement ou partiellement les biocarburants de charges fiscales conformément à la législation européenne en vigueur : l'Allemagne, l'Autriche, l'Espagne, la France, l'Italie, le Royaume-Uni et la Suède.
Incitons nos municipalités à se doter de véhicules utilitaires et de bus roulant aux biocarburants ou au gaz naturel. N'oublions jamais que pour nos petits déplacements, rien n'est mieux que la marche à pied ou le vélo (c'est bon pour la santé).

Pour en savoir plus :
www.eeb.org
www.industrie.gouv.fr
Liens avec : AIR, POP, VILLE, VOITURE

BIODÉGRADABILITÉ

Un produit est biodégradable s'il peut être décomposé plus ou moins vite par des organismes vivants. La biodégradabilité d'un produit permet d'apprécier son impact sur l'environnement. Elle est liée à la vitesse de disparition du produit sans intervention humaine. Sous nos climats, une feuille morte est biodégradable à 100 % en quelques semaines tandis qu'une bouteille de plastique en PVC mettra de 100 à 1 000 ans avant de disparaître sous l'action de la lumière ou de rayonnements (photodégradabilité).

Pour en savoir plus :
www.ademe.fr
Liens avec : COMPOST, DÉCHETS MÉNAGERS, ÉNERGIE VERTE, MÉTHANISATION

BIODIVERSITÉ

La biodiversité est un concept récent apparu au début des années quatre-vingt dans les milieux internationaux de la protection de la nature. La biodiversité désigne la diversité des organismes vivants : nombre d'espèces vivantes, diversité génétique, variété des écosystèmes… Dans la pratique on tend à ramener la biodiversité à la somme de ces formes vivantes, auquel cas, elle devient quasi synonyme de nature dans son sens le plus global. La sauvegarde de la biodiversité a été un point fort du «Sommet de la Terre» de Rio de Janeiro (Brésil) en 1992. À la fin des années quatre-vingt-dix, 25 % des espèces de mammifères et 11 % d'espèces d'oiseaux étaient, de par le monde, gravement menacés d'extinction. La déforestation s'est accélérée avec la disparition de 65 millions d'hectares de forêts dans les pays en voie de développement, ce qui entraîne, entre autres, la disparition d'espèces aux substances d'intérêt pharmacologique. En agriculture, la diversité génétique tend à s'éroder. L'agriculture industrielle intensive réduit non seulement le nombre de paysans sur la planète, mais aussi remplace les variétés de semences locales qui avaient démontré leurs qualités, par d'autres variétés plus homogènes et stables. Le développement sanctionne ainsi le retrait de variétés de riz, de soja, de maïs ou de blé sans pour autant résoudre la question de la malnutrition dans le monde !

En ce qui la concerne, la France a ratifié en 1994 la Convention internationale relative à la biodiversité. Cet accord juridique (non signé par les Etats-Unis) reconnaît que la conservation de la biodiversité est une préoccupation commune de l'humanité. Ces objectifs sont, bien entendu, déclinés dans le Droit européen. L'Union Européenne prend des mesures pour inverser la tendance à l'appauvrissement de la diversité biologique d'ici 2010 (réseau Natura 2000). Il n'en demeure pas moins que la France se classe au 4e rang mondial pour les espaces menacés, au 9e rang pour les plantes selon l'Union internationale pour la conservation de la nature.

Notre pays compte près de 14 000 zones naturelles d'intérêt écologique, floristique et faunique (ZNIEFF) grâce à sa grande richesse en diversité biologique européenne. Un inventaire spécifique définit les zones importantes pour la conservation des oiseaux (ZICO) représentant 285 sites. Notre pays est aussi confronté à une sélection variétale fruitières et légumières. Grâce à des associations, comme celle des «croqueurs de pommes», créée en 1978 sur le Territoire de Belfort, et qui aujourd'hui a essaimé sur une quarantaine de départements, de nombreuses espèces fruitières ont été sauvées de l'oubli. Les militants de ces associations ont réussi à convaincre des municipalités, des départements, certains Parcs Naturels Régionaux (PNR) à créer des vergers conservatoires.

Pour en savoir plus :
www.aspas-nature.org
www.lpo.fr
www.snpn.com
www.ww.fr
www.frapna.org
www.mnhn.fr/biodiv
www.gis-ifb.org
Liens avec : AGENDA 21, BOIS, ÉCOMUSÉE, NATURA 2000, OGM, PNR, ZICO, ZNIEFF, ZPS

BIOTOPE

C'est un habitat homogène et équilibré nécessaire à la survie d'une communauté d'êtres vivants et qui abrite un écosystème donné.
Pour protéger une espèce animale ou végétale, l'autorité préfectorale peut, après avis de la Commission des sites, prendre un arrêté de protection de biotope en vue de sa préservation.

Pour en savoir plus :
http://vosdroits.service-public.fr/particuliers
Liens avec : BIODIVERSITÉ, ECOSYSTÈME

BOIS

Le bois est un matériau écologique. Il est renouvelable, recyclable et biodégradable. Ces qualités ne doivent pas être réduites à néant par une exploitation destructrice sans politique de reboisement. La déforestation mondiale ne cesse de s'aggraver. Chaque année, 14 millions d'hectares dans le monde disparaissent, soit l'équivalent de la surface de la forêt française ! Ce sont essentiellement les forêts tropicales qui sont touchées avec, chaque année, 1 % de leur surface anéanti irrémédiablement, alors que ces forêts abritent plus de 90 % des espèces vivantes sur terre ! Quoi de plus suicidaire que la lente destruction de ces forêts, quand on sait leur rôle de régulateur climatique?
De plus, cette exploitation forestière a de faibles retombées économiques dans les pays en voie de développement, les populations autochtones subissant cette exploitation éhontée de leurs ressources naturelles. L'absence de prise en compte des dégâts de l'exploitation explique, en partie, le faible prix des bois tropicaux en France qui est un des premiers importateurs européens de bois tropical (provenant de concessions forestières d'Afrique centrale).
La consommation de bois exotique dans notre société occidentale contribue grandement à la destruction des forêts tropicales. Le «retour au naturel» favorise une industrie du meuble en plein essor qui privilégie les bois exotiques moins chers à l'achat que des essences locales comme le chêne. Le teck, grâce à son imputrescibilité, sa texture et son prix abordable, remplace, petit à petit, le mobilier plastique de jardin. Il faut savoir que la majorité des bois tropicaux sont traités dans les pays de production avec des pesticides dangereux, interdits d'utilisation dans les pays occidentaux.
Nous pouvons toujours préférer le bois local à l'exotique et privilégier dans nos achats des meubles fabriqués à partir de bois provenant de

forêts relevant d'une gestion respectueuse de l'environnement.
Aujourd'hui, même si seuls 2 % des forêts de la planète sont éco-certifiées, les pays producteurs se sentent dans l'obligation de s'engager dans cette voie au vue de la demande des consommateurs. En France, 3 millions d'hectares sont certifiés soit près de 20 % de la surface forestière française. La loi de juin 1998, ratifiant l'accord international sur les bois tropicaux signé à Genève en 1994, stipulait que «d'ici l'an 2000 toutes les exportations de bois et de produits dérivés des bois tropicaux proviennent de sources gérées de façon durable».
Demandons à nos élus d'adopter une résolution sur l'achat de bois tropicaux au niveau de la commune, du département, de la région.

Pour en savoir plus :
www.pefc.France.org
www.icp-forests.org/RepEx.htm
www.bois.amazonien.org
wwwamisdelaterre.org
www.foret-meditraneenne.org
*Liens avec : **BIODIVERSITÉ, BIOTOPE, ÉCOSYTÈME, LABELS***

BOURSE

La Bourse, c'est, pour le grand public, l'indice CAC 40. Il existe bien d'autres indices. Le dernier né qui vient de voir le jour est le nouvel indice boursier pour les entreprises du développement durable : l'ASPI Eurozone. Cet indice composé de 120 valeurs et couvrant 18 secteurs d'activité retient 5 critères : les ressources humaines, l'environnement, les relations avec les fournisseurs, les clients et les actionnaires et enfin le positionnement dans la société civile.
Les enjeux de la protection de l'environnement ont de plus en plus d'impact sur la Bourse. Certains secteurs économiques sont déjà directement menacés par les changements climatiques comme les transports aériens, les compagnies pétrolières, les compagnies d'assurance. D'autres secteurs se développent «en surfant» sur de nouvelles opportunités comme par exemple les nouveaux marchés des permis négociables d'émissions polluantes (de CO_2, SO_2...) qui découlent des accords de Kyoto.
Certains conseils d'administration de sociétés cotées en Bourse, sont de plus en plus souvent interpellés par des associations d'actionnaires quant à leur pratiques sociétales et environnementales. Ces questions représentent aujourd'hui un tiers des interventions des actionnaires des sociétés participant à l'indice CAC 40.

Pour bon nombre de sociétés cotées en Bourse l'enjeu est de rentrer dans un indice de développement durable comme ASPI Eurozone ou Ethibel pour les marchés européens ou dans l'indice américain FTSE4good. Ces indices permettent de mesurer la performance boursière des placements éthiques. Les investisseurs savent «se mettre au vert» pour encourager les sociétés à investir dans des pratiques socialement responsables, moins pour en tirer un profit spéculatif immédiat que pour apprécier les atouts et les risques à long terme pris par des entreprises auxquelles ils font financièrement confiance.
Les éco-citoyens ne s'interdisent pas d'acheter des actions en Bourse qui permettent aussi d'investir dans des sociétés qui inscrivent leurs activités dans le respect de l'environnement et qui le font savoir.

Pour en savoir plus :
www.arese-sa.com
www.ethibel.org
www.wbcsd.ch

Liens avec : COMMERCE ÉQUITABLE, DÉVELOPPEMENT DURABLE, ÉCO-AUDIT, KYOTO, NRE

BRUIT

Le bruit est un élément constitutif de notre société de consommation. Plus qu'une simple conséquence du développement, il est devenu le signe distinctif d'un système dans lequel chacun de nous évolue. Ce bruit ambiant de nos sociétés étourdit et distrait. Il s'oppose radicalement aux vertus du silence propices à la réflexion et à la contemplation. Le silence et la quiétude sont devenus des valeurs refuges dont la rareté nous fait entrevoir un autre rapport au monde. Parce que notre conditionnement au bruit n'est pas total, il n'est pas étonnant que les nuisances sonores (celles qui nous sont étrangères) soient des sujets croissants de nos préoccupations. Tous les jours, plus de 100 000 plaintes sont adressées aux maires ou aux services de l'État. Le bruit imposé par l'extérieur est toujours plus difficile à supporter que celui émis par nos soins. Lutter contre le bruit (celui qu'on fait), c'est avant tout vouloir respecter l'autre. Et pour quelques décibels, vous ne sentirez pas la différence ! Car au-delà d'un certain seuil, le bruit devient insupportable et provoque stress, irascibilité, maux de tête, voire lésions auditives. Un bruit courant n'excède pas 60 décibels. Le seuil de la douleur, pouvant provoquer des lésions auditives se situe à 110 décibels. En ville, les sources de bruits sont multiples : voisinage, trafic routier, installations industrielles, etc... Le maire peut prendre des arrêtés

municipaux pour limiter les nuisances sonores en s'appuyant sur le décret du 18 avril 1995. **Sans attendre choisissons de baisser le son de notre télé, de notre chaîne hi-fi. Inquiétons nous du niveau sonore de nos appareils lors de l'achat (outillage, électroménager). N'hésitons pas à alerter nos mairies (service d'hygiène) et à faire circuler des pétitions quand les nuisances sonores deviennent intolérables. Demandons à nos Conseils municipaux de mettre sur pieds une charte du bruit.**
Quelques décibels de musique en moins peuvent restituer une qualité de vie autre, sans pour autant ne rien altérer le plaisir de l'écoute partagé en commun. Le tapage nocturne concerne le bruit fait en soirée ou la nuit sur la voie publique mais aussi dans son immeuble.
Attention aux idées fausses comme le mythe des 22 heures. Trop de gens considèrent à tort qu'ils peuvent faire du bruit, jusqu'à 22 heures. On n'a pas le droit d'importuner son voisinage ni le jour, ni la nuit (décret du 5 mai 1988).

Pour en savoir plus :
www.ecologie.gouv.fr/dossiers/bruit/2002 2005-sommaire-fiches-juribruit.htm
www.cidb.org
www.batiweb.com
www.europa.eu.int/com/environnement/noise
http://vosdroits.service-public.fr/particuliers
Liens avec : ANIMAUX DOMESTIQUES, DRIRE, ÉTUDE D'IMPACT, HABITATION, INSTALLATIONS CLASSÉES, VILLE DURABLE

BRUNDLAND (Rapport)

Publié en 1987 par Mme Gro Harlem Brundland, alors Premier ministre de Norvège, ce rapport traduit et publié en France sous le titre *«Notre avenir à tous»* est l'acte fondateur du concept de développement durable. Ce rapport qui recommande la mise en œuvre d'un développement soutenable a connu un grand retentissement dans la communauté internationale. Il précise que le développement soutenable n'est possible qu'avec une démographie et une croissance évoluant en harmonie avec le potentiel productif de l'écosystème.

Pour en savoir plus :
http://www.are.admin-ch/are/fr
Liens avec : DÉVELOPPEMENT DURABLE, EMPREINTE ÉCOLOGIQUE

CENTRES DE STOCKAGE

Ils remplacent les anciennes décharges en répondant à des normes précises. La loi du 13 juillet 1992 prévoyait, avec beaucoup d'optimisme, qu'à partir de juillet 2002 les Centres d'Enfouissement Technique (CET) ne recevraient plus les ordures ménagères fermentescibles dites «brutes». L'appellation CET a été remplacée par Centre de Stockage de Déchets (CDS) de classe I, II et III en fonction de la composition des déchets ultimes (déchets non valorisables, non recyclables) qu'ils vont accueillir.
Les centres de stockage de classe I n'accueillent que les déchets toxiques. Les Déchets Industriels Spéciaux (DIS), présentant des caractères polluants très dangereux, y sont stockés comme l'amiante, les solvants, les REFIOM... Il n'existe que 12 sites de ce type en France au lieu des 20 que stipule la loi (un par région).
Les centres de stockage de classe II ne peuvent recevoir, selon la loi de 1992, que les déchets qui ne peuvent pas être valorisés (soit par recyclage ou par incinération) et donc la faible dégradation biologique détermine un comportement peu évolutif en cas de stockage. Sous cette dénomination on trouve surtout les Déchets Industriels Banals (DIB) comme les résidus de bois non traités, les accessoires et emballages souillés... ainsi que certains mâchefers non valorisables issus de l'incinération.
Les centres de stockage de classe III n'accueillent que des déchets inertes, non pollués, comme les gravats de chantiers qui ne brûlent ni ne se décomposent.

Pour en savoir plus :
www.drire.gouv.fr
www.ineris.fr
www.recy.net

Liens avec : AMIANTE, DÉCHARGES, DÉCHETS MÉNAGERS, ENQUÊTE PUBLIQUE, ÉTUDE D'IMPACT, INCINÉRATION, INSTALLATIONS CLASSÉES

CHAMPS MAGNÉTIQUES

Il est commun de dire que les lignes électriques de haute et très haute tension et leurs pylônes constituent une nuisance esthétique en dégradant le plus souvent nos paysages. Ces lignes sont aussi soupçonnées d'occasionner de graves problèmes de santé par la propagation d'ondes électromagnétiques. Ce phénomène inquiétant est lié à la puissance des lignes. Les recherches et les études épidémiologiques concernant les champs électromagnétiques (CEM)

mettent de plus en plus en évidence les effets néfastes sur la santé : problèmes hormonaux, cardio-vasculaires, risques de leucémie…
Ces effets diminueraient en fonction de l'éloignement des lignes électriques. Il est préférable d'habiter à plus de 250 mètres d'une ligne de Très Haute Tension (THT) et à plus de 10 mètres d'une ligne de moyenne tension. S'adossant au principe de précaution, le Luxembourg et l'Italie ont été les premiers pays en Europe à interdire toute construction sous des lignes à haute tension.
L'enfouissement des lignes THT pourrait être une solution. Hélas le pourcentage de mise en souterrain est insignifiant dans tous les pays, hormis le Royaume-Uni. Les raisons officiellement invoquées tiendraient à la trop grande emprise de terrain nécessaire que cela demanderait et donc un coût de revient trop élevé pour les sociétés distributrices d'électricité. Avec la nouvelle Charte de l'Environnement qui vient d'être intégrée à notre Constitution, le principe de précaution peut devenir une arme juridique pour récuser le passage aérien des lignes THT au-dessus de toute zone urbanisée.
Le développement de la téléphonie mobile génère aussi de l'inquiétude chez les riverains dans les quartiers où sont installés des émetteurs radio (relais hertzien, mobiles…). À moins de 900 mètres de ces installations, les quartiers seraient affectés par l'émission d'ondes électromagnétiques à haute fréquence pouvant provoquer des problèmes de santé déjà évoqués.
Vérifions auprès des autorités compétentes où sont installés les antennes relais. Mobilisons-nous, avec nos associations, pour imposer des installations situées dans des endroits peu ou pas habités.

Pour en savoir plus :
www.invs.sante.fr
www.tec-et-doc.com
www.cartoradio.fr
Liens avec : CHARTE DE L'ENVIRONNEMENT, PRÉCAUTION

CHARTE DE L'ENVIRONNEMENT

La Charte de l'Environnement qui vient d'être votée en France est une loi constitutionnelle. «Chacun a le droit de vivre dans un environnement équilibré et favorable à sa santé» (article 1). Le concept de développement durable, les principes de précaution, d'application directe et de concertation et le droit à l'information relative à l'environnement, font irruption dans notre Constitution. Cette avancée significative, imposée par l'exécutif et entérinée par le législatif fait rimer exigence et urgence. Ce qui explique que de nombreux groupes de pression furent hostiles jusqu'au bout à son adoption.

Pour en savoir plus :
www.ecologie.gouv.fr
Liens avec : BRUNDLAND, LOBBING, PRÉCAUTION

CHARTES POUR L'ENVIRONNEMENT

Ce sont des contrats établis entre une collectivité (ville, canton ou département) et l'État dont l'objet est d'engager une démarche globale en matière d'Environnement. Les chartes conduisent les signataires à coordonner l'ensemble des actions sectorielles de 12 domaines prioritaires (air, bruit, déchets, eau, transports…). Elles s'inscrivent aujourd'hui dans la préparation d'un Agenda 21. De plus en plus de collectivités s'investissent dans cette démarche volontaire sans pour autant contractualiser avec l'État.

Pour en savoir plus :
www.ecologie.gouv.fr
www.localevaluation21.org
Liens avec : AGENDA 21, CONCERTATION, DIREN, VILLE DURABLE

CHAUFFAGE DOMESTIQUE

Le chauffage représente la moitié de la consommation d'énergie d'un logement. Pour ne pas gaspiller de calories, la maison doit être bien isolée thermiquement et obéir à quelques principes de bon sens : peu d'ouvertures au nord où s'engouffre le froid, de larges ouvertures au sud (avec verrière ou stores pour l'été), si possible des murs épais pour accumuler la chaleur (économie d'énergie) et garantir un minimum d'autonomie (en cas de panne du chauffage). L'architecture bioclimatique est sortie de sa marginalité des années soixante pour devenir un élément de première importance dans la conception de l'habitat.
Sous l'impulsion d'EDF, le chauffage électrique a connu depuis 25 ans un développement très marqué, complété aujourd'hui par la vogue du climatiseur qui s'inscrit lui aussi dans le programme «tout-électrique» d'EDF, imposé, *de facto*,

par la surabondance d'énergie des centrales nucléaires françaises. Le chauffage électrique est dans tous les cas le plus onéreux et le plus fragile. Le convecteur assèche l'air et laisse les murs froids, en cas de panne, la maison se refroidit extrêmement vite. Plus de 25 % des foyers français a recours à l'électricité pour se chauffer, cette part atteignant 60 % dans les logements neufs. Le chauffage électrique «ruine» les ménages aux revenus faibles. Le chauffage au bois est le plus écologique et le meilleur marché. L'existence dans les départements de «plans bois énergie» incite au développement de ce mode de chauffage, particulièrement pour les bâtiments publics. Dans nos maisons, les cheminées doivent être ramonées une fois, voire deux fois l'an. Il faut également que les conduits d'aération soient libres de toutes entraves (journaux ou plastiques).

Les chauffages au fioul et au gaz ont des rendements énergétiques intéressants mais aussi des inconvénients de pollution et peuvent occasionner des drames en cas d'émanations de monoxyde de carbone (CO) provenant de chauffage au gaz (ou de chauffe-eau) mal règlé dans un lieu trop calfeutré.

Le prix de l'énergie ne pouvant qu'augmenter dans les années à venir, le poste chauffage d'une maison est à étudier sérieusement. Selon les années, des aides ou des exonérations fiscales sont consenties aux particuliers qui s'équipent pour économiser l'énergie, et notamment pour le chauffage.

Réglons (thermostat automatique) la température de la maison autour de 18° à 19° le jour et de 15° la nuit. Dans l'habitat existant, il faut réaliser un bilan énergétique. Dans la construction d'une maison, soyons exigeants et imposons que les devis des maîtres d'ouvrage stipulent les diverses mesures proposées pour économiser l'énergie. Pas question de bricoler l'installation et l'entretien des appareils de chauffage, ces derniers doivent régulièrement être vérifiés au moins une fois par an, notamment à l'approche de l'hiver par des professionnels qualifiés.

Pour en savoir plus :
www.energie-cites.org
www.ademe.fr
Liens avec : ÉNERGIE BOIS, ÉNERGIE SOLAIRE, HABITATION

CODE DE L'ENVIRONNEMENT

970 articles issus de 39 lois répertoriées sur la qualité de l'air et de l'eau, les industries et les activités polluantes, les déchets, la protection du paysage, la protection de la nature, la faune la flore, la chasse et la pêche et toutes les

espèces protégées composent ce Code de l'Environnement. Adopté par l'ordonnance du 18 septembre 2000, dans le cadre de la loi du 16 décembre 1999, ce code, tant attendu, constitue une étape décisive dans la reconnaissance de l'importance du droit de l'Environnement.

Pour en savoir plus :
www.enviroveille.com
www.envirodroit.net
www.legifrance.gouv.fr
http://vosdroits.service-public.fr/particuliers
Liens avec : CHARTE DE L'ENVIRONNEMENT, ENVIRONNEMENT

COGÉNÉRATION

La cogénération est le terme approprié qui consiste à produire et à valoriser à la fois de la chaleur et de l'électricité dans une même installation. À partir d'un seul combustible, la cogénération fournit de l'énergie thermique et de l'électricité dans des proportions de deux tiers/un tiers. Utilisée principalement dans des installations industrielles, les centrales de chauffage urbain (dont les usines d'incinération) et les chaufferies du tertiaire (hôpitaux).

Pour en savoir plus :
www.atee.fr
www.cogeneration.net
http:/europa.eu.int/scadplus/leg/fr
Lien avec : INCINÉRATION, INSTALLATIONS CLASSÉES

COLLECTE SÉLECTIVE

C'est une organisation nouvelle de la collecte des déchets ménagers, triés préalablement par les usagers. Le but est de faire un premier tri des déchets chez soi et de ne plus mélanger ce qui est recyclable, car propre et sec (les papiers, les journaux, les cartons, le métal, les bouteilles plastiques), avec les matières putrescibles chargées d'humidité (épluchures, restes alimentaires...). Les déchets recyclables sont collectés séparément, soit en porte-à-porte dans une deuxième poubelle individuelle, soit en apport volontaire dans des conteneurs appropriés (comme pour les bouteilles en verre) installés dans les quartiers. Le papier et le carton représentent 30 à 40 % de l'ensemble des déchets. Une grande partie

de ces papiers peuvent être recyclés. Ils sont une source de matière première non négligeable : on peut recycler une feuille de papier 7 à 10 fois. Les vieux papiers comptent désormais pour 58,5 % de la matière première des papetiers. Des entreprises de récupération de papier trient tous ces vieux papiers et cartons, les conditionnent sous forme de balles et les expédient vers des papeteries ou elles serviront de nouveau de matière première.
En France, la récupération par collecte sélective est passée de 320 000 tonnes en 1950 à 5 millions de tonnes actuellement. **Ne jetons pas le pelliculage plastique dans nos piles de vieux journaux, car celui-ci occasionne une gène considérable, lors du recyclage. Attention à ne pas jeter nos bouteilles nuitamment. Le bruit en est fort désagréable pour les riverains.**
Les médicaments dont nous n'avons plus l'usage ne doivent pas automatiquement terminer dans notre poubelle. Il suffit de les rapporter à notre pharmacie habituelle où ils seront triés. Ceux qui sont périmés seront détruits, les autres redistribués à des organismes humanitaires.
Le tri est un geste citoyen qui évite le gaspillage des matières premières. La collecte sélective fait de chacun d'entre-nous l'acteur de l'amélioration globale de notre environnement. En 2002, les taux de récupération étaient de 12 % pour les piles, 17 % des briques alimentaires, 20 % des déchets issus de médicaments, 35 % des bouteilles plastiques, 60 % du verre ménager. Le tri peut et doit être grandement amplifié.

Pour en savoir plus :
www.ademe.fr
www.ecoemballages.fr
www.federec.com
www.alliance-carton-nature.org
www.cercle-recyclage.asso.fr
www.copacel.fr
www.l-arbre-aux-papiers.com
www.alufoil.org
www.unpf.org/cyclamed/index2.htm
www.erpa.info
Liens avec : DÉCHETS MÉNAGERS, DÉCHETTERIES, ÉCO-EMBALLAGES, ECOCONCEPTION, PILES, PLASTIQUES, RÉDUCTION À LA SOURCE

COMMERCE ÉQUITABLE

Les producteurs locaux des pays en voie de développement sont soumis aux lois du marché capitaliste et aux concentrations économiques qui ne leur laissent la plupart du temps qu'une très faible rémunération. S'ajoutent à cela des conditions de travail lamentables, la surexploitation et le non respect des droits de l'homme. «Quiconque travaille a droit à une rémunération équitable et satisfaisante lui assurant, ainsi qu'à sa famille, une existence conforme à la dignité humaine» (Déclaration universelle des droits de l'homme de 1948). Aujourd'hui encore, selon le Bureau International du Travail (BIT), près de 246 millions d'enfants exercent une activité économique dans le monde soit 1 enfant sur 6. L'idée d'un possible commerce équitable entre le Nord et le Sud fondé sur le respect, la transparence et l'équité dans les échanges économiques s'est doublée d'une préoccupation environnementale et d'une exigence de qualité des produits dans les années quatre-vingt-dix. Une soixantaine de produits sont vendus en France sous le label «équitable». Ce commerce reste marginal. L'essor d'un vrai commerce équitable impliquerait que le distributeur comme le consommateur acceptent, pour l'un de diminuer ses marges, pour l'autre, d'acheter un produit «équitable» avec un surcoût. Ce qui permettrait de fixer un «juste prix» à la production. Le développement du marché du commerce équitable est aussi lié à l'augmentation du nombre de consommateurs, pour qui les indicateurs environnementaux et sociétaux apparaissent comme importants, voire primordiaux.
Le consommateur citoyen a toutefois la possibilité de faciliter l'émergence d'un réseau économique nouveau qui n'a plus rien de marginal puisqu'il s'intègre déjà dans la grande distribution et pourrait prendre des parts de marché significatives. **Grâce aux campagnes de boycott menées par les associations de consommateurs, le «consomm'acteur» peut également mettre à l'index des produits fabriqués dans des conditions suspectes d'un point de vue environnemental comme du respect des droits de l'homme.** Cette forme d'action civique terrorise les firmes agroalimentaires, moins pour la baisse résiduelle du chiffre de ventes à court terme que pour la détérioration de leur image à moyen et long terme.

Pour en savoir plus :
www.colba.net
www.commercequitable.org
www.maxhavelaarfrance.org
www.netinsitu.com
www.andines.com
www.alter-com.com

Liens avec : CONSOMMATION, DÉVELOPPEMENT DURABLE, ÉCO-CITOYENNETÉ

COMMISSION D'ACCÈS AUX DOCUMENTS ADMINISTRATIFS (CADA)

En matière d'information sur l'environnement, le droit à l'information des parties intéressées devient une constante qui s'impose dans la réglementation. La loi du 2 février 1995 consacre le principe selon lequel chaque citoyen doit avoir accès aux informations relatives à l'environnement… Particuliers ou associations peuvent donc accéder aux rapports administratifs, aux documents sur le fonctionnement des installations détenus par l'administration et les collectivités. En cas de mauvaise volonté pour fournir tel ou tel dossier, il est toujours possible, *in fine,* de faire intervenir la CADA chargée de veiller au respect du droit à l'information. Si les documents demandés sont finalisés et non en cours d'élaboration, s'ils ne relèvent pas de la sécurité industrielle, la CADA nous permettra de les obtenir en faisant pression sur l'administration concernée. **Si cela n'était toujours pas le cas, on peut saisir le Tribunal Administratif (décret n°88-465 du 28 avril 1988).**

Pour en savoir plus :

www.cada.fr

Liens avec : ASSOCIATION, ASSOCIATIONS DE PROTECTION DE LA NATURE ET DE DÉFENSE DE L'ENVIRONNEMENT

COMMISSION NATIONALE DU DÉBAT PUBLIC (CNDP)

La loi Barnier du 2 février 1995 a renforcé la protection de l'environnement dans les grandes opérations publiques d'aménagement d'intérêt national. La loi relative à la démocratie de proximité du 27 février 2002 fait franchir un pas important à la démocratie participative. Avec la création de la CNDP, qui a le statut d'autorité administrative indépendante, la concertation s'organise en donnant au public un cadre pour s'exprimer autour d'un projet. C'est une étape nouvelle dans la concertation, d'autant que les associations agréées de protection de l'environnement membres de la CNDP peuvent la saisir (décret n°2002-1275 du 22 octobre 2002). La CNDP a aussi comme mission de veiller aux bonnes conditions d'information du public durant toute la phase de réalisation des projets.

Pour en savoir plus :

www.debatpublic.fr

Liens avec : ASSOCIATIONS DE PROTECTION DE LA NATURE ET DE DÉFENSE DE L'ENVIRONNEMENT, BRUNDLAND, CONCERTATION, GOUVERNANCE, RÉFÉRENDUM D'INITIATIVE POPULAIRE

COMPOST

Le compost est le produit de la dégradation de la matière organique par l'action de micro-organismes. C'est un humus stable propre à l'enrichissement des sols. Un kilogramme de déchets organiques produit environ 300 à 400 grammes de compost.
Dans notre jardin, plaçons un composteur (en vente chez les jardineries ou sur catalogue) ou creusons un simple trou pour y jeter nos épluchures et nos déchets de cuisine de nature végétale.
En ajoutant un peu de terre, on aura au bout de quelques mois un compost beaucoup plus riche en éléments fertilisants que le meilleur terreau. À noter que les composteurs sont souvent en plastique recyclé et qu'un compost familial ne dégage aucune odeur. Ce recyclage organique a de l'avenir quand on sait que 25 % de nos déchets sont potentiellement compostables. **N'y jetons jamais du plastique (non biodégradable).**
Le composteur a trouvé rapidement sa place dans l'habitat pavillonnaire.

Pour en savoir plus :
www.ademe.fr
Liens avec : BIODÉGRADABILITÉ, MÉTHANISATION

CONCERTATION

Le besoin de concertation est aujourd'hui un phénomène de société. L'importance de l'implication des citoyens est particulièrement ressentie pour toutes les questions liées à l'environnement et au cadre de vie. Projets d'urbanisme, équipements des collectivités, cadre de vie : la concertation est devenue une nécessité. Il ne s'agit plus désormais d'expliquer ce qui a été décidé, mais de dialoguer avant que la décision ne soit prise. L'application des principes de développement durable doit permettre à chacun, en tant que citoyen, de se sentir en prise avec l'événement. Au-delà de la concertation traditionnelle prescrite par des dispositions législatives et réglementaires comme l'enquête publique, la participation des populations à la conception des projets doit être encouragée et organisée.
Les textes le prévoient déjà, avec les conseils consultatifs d'association, d'habitants et d'élus par quartier, la consultation des usagers au cas par cas que cadrent les articles L2141-1 et L2143-1-2 du Code Général des collectivités territoriales. Les associations reconnues ou agrées d'utilité publique peuvent, quant à elles, être consultées à leur demande (article 122-8 du Code de l'urbanisme) ;
Demandons à nos municipalités de mettre en place si cela n'est pas déjà fait, des comités consultatifs sur tout ou partie de son territoire sur des bases

territoriales ou thématiques, de manière suivie ou ponctuelle selon les sujets. Enfin pour structurer leurs débats dans un but constructif, les partenaires de la concertation peuvent décider d'affirmer leur engagement et leur volonté de dialogue en signant un document comme la Charte de la Concertation. Celle-ci permet à chaque partie de s'engager moralement à dépasser les blocages inhérents à tout processus de dialogue insuffisamment préparé.

Pour en savoir plus :
www.debatpublic.fr
Liens avec : AARHUS, AGENDA 21, ASSOCIATION, ASSOCIATIONS DE PROTECTION DE LA NATURE ET DE DÉFENSE DE L'ENVIRONNEMENT, CHARTE DE L'ENVIRONNEMENT, GOUVERNANCE, RÉFÉRENDUM D'INITIATIVE POPULAIRE

CONSEIL D'ARCHITECTURE, D'URBANISME & D'ENVIRONNEMENT (CAUE)

Cette structure est mise en place au niveau départemental par le Conseil général. Elle a pour mission de conduire des actions de sensibilisation auprès d'un large public intéressé par l'habitat et l'exigence environnementale, mais aussi des actions de formation (HQE, bio-climatisme) auprès des maîtres d'ouvrage. Un CAUE est un outil précieux au service du public et des municipalités.

Pour en savoir plus :
www.fncaue.asso.fr
www.clcv.org
Liens avec : HABITAT, HABITATION, RADON, URBANISME

CONSEIL DE DÉVELOPPEMENT

Initié par les lois Chevènement et Voynet de 1999, selon les vœux du législateur, le Conseil de développement accompagne obligatoirement la mise en place de la Communauté d'agglomération afin de participer à l'élaboration de projets globaux et cohérents de développement durable. Le Conseil de développement est un moyen pour la société civile, à travers de simples citoyens ou des représentants d'associations, d'être un partenaire de la démocratie participative. La difficulté de sa mission est d'être écouté par les élus et de les convaincre de la pertinence de ses réflexions et de ses éventuelles propositions. D'aucuns (la grande majorité des élus adossés aux prérogatives que leur confère le suffrage universel) ne veulent voir dans le Conseil de développement qu'une variante du Conseil Économique et Social Régional (CESR), lequel, sans pouvoir, n'a qu'un rôle strictement consultatif pour accompagner en toute quiétude les travaux du Conseil régional. Le concept de gouvernance qui doit repenser les mécanismes décisionnels risque fort de se heurter à la force d'inertie des conservatismes en place.

Pour en savoir plus :
www.val-adour.com/htm/conseil
www.plainecommune.fr
www.pays-region-mulhousienne.org/conseil_developpent.php
Liens avec : AARHUS, CONCERTATION, GOUVERNANCE

CONSEIL NATIONAL DU DÉVELOPPEMENT DURABLE (CNDD)

C'est est une structure nouvelle, mise en place par le gouvernement français en janvier 2003, avec la mission de trouver un prolongement au plan d'action adopté au second «Sommet de la Terre» de Johannesburg (Afrique du Sud) en 2002, tant par des initiatives qui devraient en découler que par l'élaboration d'une stratégie nationale de développement durable. Le CNDD, qui a une fonction de consultation pour dégager une stratégie nationale de développement durable, réunit régulièrement les représentants de la société civile (associations, monde de l'entreprise) et des collectivités territoriales afin de les associer à l'élaboration des nouvelles politiques de développements durable et leur mise en œuvre. Cette structure, composée de 90 membres, apparaît bien lourde et peine à faire entendre sa voix.

Pour en savoir plus :
www.ecologie.gouv.fr/rubrique
Liens avec : AGENDA 21, CONCERTATION, DÉVELOPPEMENT DURABLE

CONSOMMATION

Le premier hypermarché français inspiré des *supermarkets* américains, voit le jour en France en 1963. La grande surface symbolise parfaitement une société de consommation dans laquelle nous évoluons depuis les années soixante.

Les consommateurs, que nous sommes, sont poussés à acheter toujours plus, à répondre aux nouveaux besoins qui leur sont suggérés, à faire de nouveaux choix de consommation, à toujours acheter de nouveaux produits qui nous sont proposés. La société de consommation vit dans la cadence du renouvellement insatiable. Dans cette consommation de masse qui est devenue la pierre angulaire de l'économie libérale le citoyen lambda tend à confondre son libre-arbitre avec des choix de consommation qui sont le plus souvent dictés, à son insu, au travers de stratégies très élaborées de marketing et de créativité publicitaire.
Dans notre société de consommation, les éco-citoyens, ont le devoir de se muer en «consomm'acteurs» engagés par une consommation adaptée à leur mode de vie et à leurs besoins réels. «Consommer moins pour vivre mieux» pourrait devenir la devise radicale des éco-citoyens de demain.

Pour en savoir plus :
www.ademe.fr/particuliers/Fiches/9999/Acheter_consommer_mieux.pdf
www.worlddwatch.org/pubs/goodstuff
www.60millions-mag.com
www.quechoisir.org
www.conso.net
www.equiterre.org
www.consodurable.org
Liens avec : BRUNDLAND, COMMERCE ÉQUITABLE DÉVELOPPEMENT DURABLE, ÉCO-CITOYENNETÉ, PUBLICITÉ

DÉBROUSSAILLAGE

Attention aux incendies ! La loi fait obligation au propriétaire de débroussailler autour de son habitation tous les ans avant le 15 avril (LR 322 1 du Code forestier), en zone urbaine comme en zone rurale. Obligatoire sur les bordures de toutes les routes publiques, le débroussaillage s'effectue sur 20 mètres de part et d'autre de n'importe quelle voie, et se trouve à la charge de son gestionnaire d'après le Code forestier.
Un débroussaillage efficace sous-entend : éliminer tous les bois morts, broussailles et herbes sèches, tailler certains arbustes afin que les branches ne se touchent pas, élaguer les branches basses jusqu'à une hauteur de 2 mètres, se débarrasser des végétaux coupés par broyage, par évacuation en déchetterie ou en les compostant. En aucun cas débroussailler ne signifie couper tous les arbres. Les municipalités en zone urbaine peuvent mettre en demeure les particuliers de débroussailler tous leurs terrains et, en dernier recours, effectuer

le débroussaillage… aux frais du propriétaire. En cas d'incendie, les propriétaires sont considérés comme civilement responsables. En zone non urbaine, le débroussaillage incombe au propriétaire d'une maison dans la limite de 50 mètres autour de son habitation, que le ou les terrains concernés lui appartiennent ou pas. Le propriétaire d'un terrain non construit n'est pas soumis à l'obligation de débrousaillage, mais il doit accepter que son voisin demeurant à moins de 50 mètres s'en charge. À défaut d'accord amiable, le Tribunal d'Instance est chargé de faire appliquer cette loi.

L'éco-citoyen débroussaille ses propriétés ou le fait faire par une entreprise.

Pour en savoir plus :

www.agriculture.gouv.fr

Liens avec : DÉCHETTERIES, INCENDIES, ZONAGE

DÉCHARGES

Plus de 50 % des ordures continuent de s'entasser dans 12 000 décharges, plus ou moins importantes, qui dégradent les paysages en France selon un recensement de l'ADEME. Il y a décharge et décharge. La grande majorité d'entre-elles sont des décharges sauvages... Tout déchet abandonné dans la nature constitue un dépôt ou une décharge sauvage, interdit par la loi du 15 juillet 1975. La «décharge contrôlée» est aussi dénommée Centre d'Enfouissement Technique (CET).

Dans ces décharges, se forment des jus toxiques, appelés lixiviats, par percolation (infiltration) de l'eau de pluie dans les ordures brutes entassées. Ce phénomène a pour conséquence une pollution notable du sol et des nappes phréatiques quand ces décharges ne sont pas dotées de membranes d'échantéité en plastique et un réseau de drainage permettant de récupérer la totalité des lixiviats.

Le tri sélectif comme l'incinération ne sont pas suffisants à eux deux pour traiter l'entièreté des ordures ménagères. Théoriquement, en juillet 2002, un grand nombre de décharges dites «contrôlées» aurait dû fermer… On en est encore loin. Car, la fin des décharges est, avant tout, conditionnée par l'existence d'un véritable réseau de traitement parallèle : recyclage matière avec le tri sélectif (et ses filières appropriées) et valorisation énergétique avec l'incinération et la méthanisation.

Tous les départements français ne sont pas au même niveau d'élaboration de leur plan départemental d'élimination des déchets. Un grand nombre d'entre-eux se contentent de leurs décharges «contrôlées» tout en étudiant interminablement les procédés de traitement à mettre en place. Depuis le

1er janvier 2005, c'est le Conseil général qui est en charge de la mise en application du plan dans chaque département. La réhabilitation de toutes ces décharges demandera du temps et de l'argent. Beaucoup de municipalités pensent qu'il suffit de les couvrir de terre ou de déchets végétaux pour les neutraliser. Elles n'ont pas conscience que les matériaux enfouis sécrètent des pollutions qui surgiront des années plus tard ! **Premier geste de base de l'éco-citoyen : ne rien jeter dans la nature. Pour les «encombrants», il y a toujours la déchetterie la plus proche de notre domicile.**

Pour en savoir plus :
www.ademe.fr
www.industrie.gouv.fr
Liens avec : CENTRES DE STOCKAGE, DÉCHETS MÉNAGERS

DÉCHETS MÉNAGERS

Le déchet, c'est ce qu'on jette car on ne s'en sert plus : déchets ménagers, déchets industriels, déchets agricoles etc... En France, chaque habitant produit en moyenne 1,1 kg de déchets ménagers par jour. Les communes (regroupées en communautés de communes ou d'agglomération) éliminent chaque année autour de 24,5 millions de tonnes de déchets. Les emballages ménagers (bouteilles plastiques, cartons, boîtes de conserve...) représentent environ 40 % du poids total. Notre mode de vie a fortement évolué entraînant de nouvelles habitudes alimentaires basées sur l'expansion du marché de produits conditionnés et suremballés. Chaque année 100 milliards d'emballages ménagers donnent 4,7 millions de tonnes de déchets.

L'ADEME nous apprend, dans une étude récente, que sur les 20 dernières années le volume total des déchets ménagers a augmenté de 20 %, la part des emballages dans nos poubelles étant en augmentation tandis que la part des putrescibles (biodégradables) diminue. Nous croulons ainsi sous nos déchets. Il est plus qu'urgent d'en réduire le volume. Chacun doit s'en préoccuper, y porter, à son niveau, des solutions.

Nous devons boycotter les produits aux emballages surabondants et préférer les emballages biodégradables et/ou recyclables comme le verre, le carton, l'aluminium... Les entreprises de conditionnement ont, les premières, une responsabilité majeure dans la lutte contre le suremballage et la réduction de matière à la source. C'est en amont que réside, en grande partie, la résolution du problème. **Portons le verre au conteneur à verres, le papier, les bouteilles plastiques, les emballages en carton ou métallique dans les conteneurs**

appropriés (quand nous n'avons pas été munis, par la municipalité, d'une seconde poubelle). Pour ce qui est de nos «encombrants» ou «monstres», portons les à notre déchetterie la plus proche. Il est toujours possible de donner nos anciens meubles, jouets et vêtements (en bon état) à des œuvres de charité. Rapportons nos déchets issus de médicaments, dans nos pharmacies, liées au dispositif Cyclamed (14 717 tonnes furent collectées en 2003). Surtout, demandons à notre municipalité, si cela n'est pas encore fait, de mettre en place rapidement le tri sélectif. Ce dernier reste toujours de compétence communale.

Pour en savoir plus :
www.ademe.fr
www.dechetcom.com
www.guide-dechets.com
www.centre-recyclage.asso.fr
www.conseil-emballage.org
www.amorce.asso.fr
www.unpf.org/cyclamed/index2.htm
www.cniid.org
http://vosdroits.service-public.fr/particuliers
Liens avec : ADEME, COLLECTE SÉLECTIVE, CONSOMMATION, DÉCHETTERIES, ÉCOCONCEPTION, INCINÉRATION, MÉTHANISATION, PLASTIQUES, RÉDUCTION À LA SOURCE

DECHETTERIES

Ce sont des gares de triage où nous sommes conviés à venir déposer gratuitement nos «encombrants» en les triant par catégories directement valorisables (ferrailles, gros cartons) ou les déchets verts de nos jardins (branches). Nous portons à la déchetterie d'autres déchets recyclables comme les piles, les huiles de vidanges, les batteries de voitures... qui seront ensuite dirigés vers la filière de traitement la mieux adaptée ou la plus valorisante. La déchetterie joue pleinement son rôle, que si elle est accessible (lieux) et ouverte (horaires adaptés) afin que le plus grand nombre d'entre-nous puisse s'y rendre et cela quelque soit la domiciliation.

Pour en savoir plus :
www.ademe.fr
Liens avec : ADEME, DÉCHARGES, PILES

DÉVELOPPEMENT DURABLE

Le principe du développement durable est d'accroître le bien-être sans détruire l'environnement naturel. L'idée principale est que le développement économique ne doit pas se faire sur la destruction ou la pollution de nombreux écosystèmes et doit maintenir de façon constante la valeur du capital Nature. Économie et Environnement doivent dépasser leur antinomie et rentrer dans une phase de synergie qui privilégie «un développement qui répond aux besoins du présent sans compromettre les capacités des générations futures à répondre aux leurs».
Le terme de développement soutenable (*sustainable development*) que le monde anglo-saxon a fait sien est plus approprié. En effet, le soutenable signifie que l'activité humaine ne doit pas créer un niveau de pollution supérieur à la capacité de régénération de la planète. Aujourd'hui force est de constater que le succès marketing du concept de développement durable conduit à abuser du vocable à tout moment en privilégiant le mot développement et en minimisant l'exigence environnementale. Attention à ne pas commettre un contresens, lié à la traduction française du concept de durabilité. Ce n'est nullement une nouvelle recette pour que le développement, tel que nous connaissons, perdure !
Le développement durable n'est pas hostile à l'idée de croissance économique mais il définit son organisation non seulement en faisant siennes les préoccupations du long terme mais aussi en pointant les dérives productivistes de l'économie de marché pour les contenir dans des limites rendant le développement socialement et éthiquement acceptable.

Pour en savoir plus :
www.formation21.org
www.cidem.org
www.comité21.org
www.agora21.org/apdd
www.association4d.org
Liens avec : AGENDA 21, BRUNDLAND

DIRECTION RÉGIONALE DE L'ENVIRONNEMENT (DIREN)

Administration qui représente l'État dans les régions et agit spécifiquement pour l'environnement. La DIREN a pour mission de veiller à l'application des réglementations relatives à la protection de la nature, des sites et des paysages, au respect de l'environnement dans divers programmes, dans les contrats de Plan et dans les programmes européens.

Pour en savoir plus :
www.ecologie.gouv.fr
Liens avec : CODE DE L'ENVIRONNEMENT, EAU, EUROPE-LIFE, SITE CLASSÉ, ZICO, ZNIEFF, ZPPAUP, ZPS

DIRECTION RÉGIONALE DE L'INDUSTRIE, DE LA RECHERCHE ET DE L'ENVIRONNEMENT (DRIRE)

La DRIRE coordonne l'animation et l'application des législations relatives aux installations classées, à la pollution de l'air et aux déchets. Ses attributions l'amènent aussi à former et à sensibiliser les agents de l'administration ainsi que les acteurs économiques aux exigences de l'environnement et du développement durable. Avec 1 059 postes, en 2003, pour effectuer le contrôle de 50 000 installations autorisées (susceptibles d'être dangereuses pour l'environnement et la santé publique) et 500 000 installations déclarées, les DRIRE ne peuvent correctement mener à bien leur travail.
Dans son rapport annuel de 2003 la Cour des Comptes s'est indignée de la mollesse réglementaire du suivi de certaines DRIRE et a préconisé la séparation en deux de la structure. D'un côté, la veille économique, de l'autre la prévention des pollutions et des risques.

Pour en savoir plus :
www.industrie.gouv.fr
www.ccomptes.fr
Liens avec : DIREN, INSTALLATIONS CLASSÉES, PRÉCAUTION

EAU

Corps chimique de formule H_20. Élément indispensable à la vie animale et végétale. «L'eau n'est pas un bien marchand comme les autres, mais un patrimoine qu'il faut protéger, défendre et traiter comme tel». Les rédacteurs de la directive européenne 2000/60/CE devaient avoir en mémoire les 1,5 milliards d'humains qui n'ont pas d'accès direct à l'eau et les 4 milliards d'habitants de notre planète qui ne sont raccordés à aucun système d'assainissement collectif. La gestion de l'eau doit combiner intérêt économique et écologique. Transposée en Droit français, cette directive européenne implique la transparence, la démocratie et la solidarité ainsi qu'une meilleure application du principe pollueur-payeur.

Depuis 1964, la gestion des eaux est assurée par six grandes agences de l'eau représentant les grands bassins hydrologiques français. Ces agences bénéficient annuellement du montant d'une redevance prélevée auprès des entreprises qui émettent des pollutions présentant un risque pour l'eau. Elles sont chargées d'assister techniquement et d'aider financièrement tous les ouvrages améliorant l'état de l'eau. Il est étonnant que les associations de consommateurs ne soient toujours pas représentées dans ces structures.
Dans son rapport annuel 2003, la Cour des Comptes considère que «les grands principes législatifs qui devraient structurer la politique de l'eau, comme l'égalité des usagers devant la ressource, l'action préventive, la réduction des pollutions à la source et le principe pollueur-payeur, ne sont que médiocrement mis en œuvre, quand ils ne sont pas franchement contredits».

Pour en savoir plus :
www.eaufrance.com
www.eaufrance.tm.fr
www.rnde.tm.fr
www.waternunc.com
www.ifen.fr
www.ccomptes.fr

Liens avec : DIREN, DRIRE, EAU DOMESTIQUE, NITRATES, PESTICIDES, POLLUEUR-PAYEUR, RIVIÈRE, SDAGE

EAU DOMESTIQUE

Comment économiser l'eau ? La consommation journalière moyenne pour un ménage français est de 155 litres : 60 litres pour la salle de bains (la douche est plus économe en eau que le bain), 30 litres pour la chasse d'eau, 18 litres pour le lave-linge, 15 litres pour la vaisselle, 12 litres pour le nettoyage de la voiture et l'arrosage des plantes sur le balcon, 20 litres pour la cuisine (repas). Si un robinet fuit, «la goutte» peut vous en coûter entre 2 000 et 8 000 litres par an ! **Soyons économes des produits à laver (lessives phosphatées, eau de Javel...) et surtout ne jetons pas dans les w.c. des produits chimiques tels des solvants, acides, hydrocarbures...)**
Le Code de l'urbanisme fait l'obligation de raccorder au réseau d'assainissement toute construction destinée à l'habitat. La commune ou le syndicat de communes gère l'assainissement des eaux usées ou en délègue la gestion à un organisme privé par contrat. Selon la Commission européenne, la France a une alimentation en eau potable satisfaisante mais continue à avoir beaucoup

de mal à mettre à niveau ses installations de traitement des eaux usées, Seulement 36 % des agglomérations, rejetant leurs eaux usées dans des zones considérées comme sensibles, seraient en conformité. La même Commission n'a pas hésité à traduire notre pays devant la Cour de justice européenne pour non respect des dispositions de la directive de 1991 relative aux traitement des eaux résiduelles urbaines.
L'assainissement payé par le contribuable est répercuté sur sa facture d'eau. **Choisissons de contrôler partout, chez nous, notre débit d'eau. Repensons nos robinetteries, nos installations sanitaires. Achetons les machines à laver les plus économes en eau et en énergie.**

Pour en savoir plus :
www.clcv.org
www.seaus.org
www.tec-et-doc.com
http://vosdroits.service-public.fr/particuliers
Liens avec : EAU, HABITATION, PHOSPHATES

EAUX PLUVIALES

Dans une démarche spécifique d'assainissement les eaux pluviales sont canalisées, soit dans les mêmes canaux que les eaux usées (réseau unitaire), soit dans des canalisations distinctes (réseau séparatif). Deux écoles s'affrontent sur l'intérêt de ces deux systèmes. Les défenseurs du « séparatif » font valoir que l'effluent livré à la station d'épuration est plus concentré et les rendements du traitement optimisés. Ses détracteurs argumentent que les eaux pluviales fortement polluées par le lessivage des sols sont ainsi directement rejetées dans le milieu naturel sans traitement. Les garants des finances communales ou communautaires redoutent, à juste titre, les coûts de traitement d'un réseau unitaire et ses difficultés techniques.
Ceci étant, suivant le Code civil, toute personne à le droit d'utiliser comme elle l'entend l'eau de pluie qui tombe sur son terrain (sous réserve de ne pas causer de dommage à autrui).
À l'heure actuelle, il n'existe pas de réglementation spécifique régissant l'utilisation des eaux pluviales, il faut donc se référer aux règles existantes et notamment aux normes sanitaires établies par le Code de santé publique, par le règlement sanitaire départemental type ou par le décret n°89-3 du 3 janvier 1989 (modifié) relatif aux eaux destinées à la consommation humaine. Certains usages comme l'arrosage des espaces verts, le lavage des sols ou des voitures ne nécessitent pas

une eau de qualité équivalente à celle destinée à la consommation humaine. Pour ces usages, il est possible d'utiliser l'eau de pluie.
L'alimentation de w.c. par les eaux pluviales, par exemple, impose la réalisation d'un réseau d'alimentation en eau distinct de celui amenant l'eau potable. Il faut impérativement empêcher les retours d'eaux pluviales dans le réseau d'eau potable par l'installation, par exemple, d'un clapet anti-retour d'eau.
Pour pouvoir être utilisée pour l'alimentation des w.c., l'eau doit subir un traitement très poussé réduisant son agressivité envers les équipements. Il faut, en outre, que cette eau soit biologiquement saine (pour s'en assurer on peut se référer aux critères microbiologiques fixés pour l'eau destinée à la consommation humaine).

Pour en savoir plus :
www.arehn.asso.fr
Lien avec : HABITATION

ÉCLAIRAGE DOMESTIQUE

L'éclairage domestique représente 10 % de la consommation électrique nationale. Depuis que les fabricants ont amélioré la performance et l'efficacité énergétique des ampoules, l'éclairage est devenu plus respectueux de l'environnement.
Un bon éclairage doit être reposant, efficace et économe en énergie. Le choix primordial est celui de l'ampoule. La puissance de 40 à 100 watts pour les ampoules classiques n'est pas le seul critère.
La lampe à incandescence la plus utilisée est aussi la plus gourmande en énergie. Le tube néon fluorescent qui éclaire trois fois plus que l'ampoule classique a une durée de vie plus longue.
Le «top» reste l'ampoule compacte fluorescente (fluocompacte) basse consommation, certes chère mais 4 à 5 fois plus économe en énergie et dont la durée de vie est 15 fois plus longue que celles des lampes à incandescence.
L'halogène a une excellente luminosité, mais, appartenant à la famille des ampoules à incandescence, est très gourmand en énergie ! Il peut, à la rigueur, servir d'appoint.
Pour améliorer la luminosité intérieure, nous devons renoncer aux peintures trop foncées. Nous penserons aussi à dépoussiérer de temps en temps les ampoules et surtout à éteindre les pièces vides que nous quittons. Éteignons les veilles de vos appareils électriques (TV, chaînes HI-FI,...). Une journée en veille d'un poste de TV équivaut à trois heures de télévision allumée. Toutes ces petites négligences représentent facilement 25 % de dépenses en trop sur notre note d'électricité.

Pour en savoir plus :
www.ademe.fr
www.afe-eclairage.com.fr
www.ideesmaison.com
www.eledeforce.com
www.topten.ch
www.amorce.asso.fr
www.negawatt.org
Lien avec : HABITATION

ÉCO-AUDIT

Outil de gestion utilisé par les entreprises pour évaluer l'organisation, le système de management et les procédés destinés à assurer la protection de l'environnement sur les sites industriels.
Attention : l'éco-audit n'est pas synonyme d'audit environnemental puisqu'il n'est pas limité pas au seul système de management.

Pour en savoir plus :
www.industrie.gouv.fr
Liens avec : INSTALLATIONS CLASSÉES, NRE

ÉCO-CITOYENNETÉ

Le concept d'éco-citoyen, né dans les années soixante-dix, s'est popularisé depuis la Conférence de Rio de Janeiro (Brésil) en 1992. Si l'homme est un être social accèdant au titre de citoyen par l'exercice de ses droits et ses devoirs envers la société, le qualificatif d'éco-citoyen s'attache particulièrement à la nécessité, pour chacun, d'avoir désormais des gestes et des comportements responsables, tant par rapport à son environnement et son lieu de vie, qu'à l'égard de ses semblables.

Pour en savoir plus :
www.ae2d.infini.fr
www.fondation-nicolas-hulot.org
Liens avec : ASSOCIATIONS DE PROTECTION DE LA NATURE ET DE DÉFENSE DE L'ENVIRONNEMENT, CONSOMMATION, DÉVELOPPEMMENT DURABLE, ÉCOLOGIE

ÉCO-EMBALLAGES

C'est une société privée, chargée d'une mission de Service Public. Éco-Emballages a été créée en avril 1992 pour remplir l'obligations légale faite par la loi aux opérateurs industriels du marché de l'emballage de contribuer au coût de la collecte sélective, à raison d'une taxe sur chaque emballage.

L'augmentation régulière de la part des emballages dans nos poubelles, a ainsi conduit Éco-Emballages a financer des recherches sur la récupération et la valorisation des déchets d'emballage et à subventionner des recherches pour rendre moins gourmands en matières premières les emballages de nos produits.

Depuis 2000, un nouveau mode de calcul de la taxe incite les industriels à allèger leurs produits en prenant en compte le poids de l'emballage. Plus celui-ci est lourd, plus le versement à Éco-Emballages est élevé en valeur absolue (centimes/emballages). La plus ou moins grande complexité du tri est aussi un critère. Le papier non recyclable emballant une friandise est plus taxé qu'un gros carton facilement triable et donc plus directement recyclable. Dernière innovation : l'alourdissement de la contribution pour des emballages non recyclables remplaçant des emballages recyclables.

La société Adelphe est pour le verre, le pendant d'Éco-Emballages pour les emballages ménagers.

Attention : le point vert d'Éco-Emballages apposé sur le produit ne signifie pas que l'emballage est recyclable, mais simplement que le fabricant participe au financement d'un programme de valorisation des emballages.

Pour en savoir plus :
www.ecoemballages.fr
www.conseil-emballage.org
www.adelphe.fr

Liens avec : COLLECTE SÉLECTIVE, DÉCHETS MÉNAGERS, ÉCOCONCEPTION, RÉDUCTION À LA SOURCE

ÉCOCONCEPTION

L'écoconception ou écodesign est une démarche qui consiste à anticiper le devenir d'un produit pour réduire son impact environnemental tout au long de son cycle de vie : fabrication, usage, fin de vie... sans rien perdre de ses qualités d'usage et, si possible, en améliorant la qualité de vie de ses utilisateurs. L'environnement est pris en compte par l'écoconception au même titre que la faisabilité technique, la maîtrise des coûts de production et la demande du marché. Il s'agit d'une stratégie économique appelée

«dématérialisation» qui vise à réduire la quantité de matériaux utilisés dans l'économie (bois, pétrole, acier…), afin de mettre sur le marché des produits plus petits et plus légers.
L'éco-conception permet d'allier innovation technologique, respect de l'environnement et, *in fine*, nouvelle offre dans une stratégie de marketing.

Pour en savoir plus :
www.conseil-emballage.org
Liens avec : CONSOMMATION, COLLECTE SÉLECTIVE, DÉVELOPPEMENT DURABLE, RÉDUCTION À LA SOURCE

ÉCOLE & NATURE

L'éducation à l'environnement commence à l'école. Le respect de l'environnement peut être transmis aux plus petits de manière concrète par le contact avec la nature, les plantes, les animaux… En leur apprenant des petits gestes éco-citoyens sur les thèmes de l'eau, des déchets ou bien de l'énergie, on commence à apprendre aux enfants un rôle actif dans la société.
Créé en 1987 le réseau «École et Nature» regroupe l'ensemble des acteurs prenant une part active dans le domaine de l'éducation à l'environnement : enseignants, militants associatifs pour la défense de l'environnement et l'éducation populaire. Ce réseau est présent aujourd'hui dans 73 départements. Il est présent depuis 1996 dans les régions sous la dénomination de Groupes Régionaux d'Animation et d'Initiation à la Nature et l'Environnement (GRAINE).
Divers protocoles d'accord signés entre les ministères chargés de l'Environnement, de l'Éducation Nationale, de l'Agriculture et de la Jeunesse et des Sports, affirment la nécessité de prendre en compte et d'intégrer l'environnement dans les démarches pédagogiques, afin de faire bénéficier chaque élève d'au moins une formation transversale à l'environnement au cours de sa scolarité.

Pour en savoir plus :
www.ecole-et-nature.org/
www.jeunespourlanature.asso.fr
www.feee.org
www.environnement-dev-educ.net
Lien avec : ÉCO-CITOYENNETÉ

ÉCOLOGIE

Le mot vient du grec *oikos*, maison, et *logos*, science. Le terme d'écologie apparaît en 1866 sous la plume d'Ernest Haeckel, adepte des idées de Darwin. Au sens strict, il s'agit de l'étude des interrelations entre les organismes vivants et leur milieu. Au départ simple branche de la biologie, l'écologie est devenue, dans la seconde partie du XXe siècle, une science de l'écosystème planétaire embrassant tous les êtres vivants. Est écologique ce qui relève de la science écologique. Est écologue un scientifique spécialiste de l'écologie.

Pour en savoir plus :

www.lesannuaires.com/annuaire-ecolo-ecologie.html

www.apro.fr/natcog/ecologie/ecologie.html

www.globenet.org/demiller/start.html

Liens avec : BIOTOPE, ÉCOSYSTÈME, ENVIRONNEMENT

ÉCOLOGIE POLITIQUE

Par extension et par amalgame le mot écologie est aussi utilisé aujourd'hui pour définir un courant de pensée politique, une doctrine - l'écologisme - qui ne s'arrête pas au seul rapport Homme/Nature mais intègre aussi une critique radicale de la société industrielle. Le concept nouveau d'écologie politique privilégie la démocratie directe ou du moins la démocratie participative exercée de préférence dans le cadre local ou régional plutôt que national. D'où le penchant naturel des écologistes à récuser le centralisme au profit d'un cadre fédéral basé sur une très large décentralisation des pouvoirs.

La critique du productivisme économique, du consumérisme et du gigantisme se conjugue avec la défiance envers toute technocratie d'où qu'elle émane. L'écologie politique remet en cause le positivisme ambiant de nos sociétés pour qui tout développement des techniques induit automatiquement plus de bonheur pour l'Homme et l'élargissement des libertés. Le scepticisme écologiste repose sur des constats : épuisement des ressources naturelles de la planète lié à une recherche de croissance économique non maîtrisée, déresponsabilisation de l'individu dans nos sociétés développées, délitetement de la cohésion sociale, montée des égoismes et enregistrement de lois de plus en plus contraignantes quant aux libertés individuelles.

La prise de conscience écologique et l'engagement écologiste s'effectuent, généralement, au fil des catastrophes industrielles répétées qui posent la question centrale de la responsabilité de l'homme par rapport à la nature et donc de la responsabilité de chacun face à ce constat.

Pour en savoir plus :
www.lesannuaires.com/annuaire-ecolo-ecologie.html
Liens avec : ASSOCIATIONS DE PROTECTION DE LA NATURE ET DE DÉFENSE DE L'ENVIRONNEMENT, ÉCOLOGIE URBAINE, ENVIRONNEMENT

ÉCOLOGIE URBAINE

Le milieu urbain va–t-il devenir un enfer de stress, de pollutions et de violence alors que la majorité de la population mondiale est désormais urbaine ? Et comment y remédier ?
L'écologie urbaine est un modèle qui tend à appliquer au milieu urbain les grilles d'analyse qui sont réservées d'habitude aux seuls milieux naturels. On considère la ville comme l'écosystème de *l'homo urbanicus*. L'écologie urbaine vise à maintenir les équilibres de cet écosystème par des modes d'aménagement et de gestion de l'environnement et de l'espace urbain. L'écologie pour sauver la ville !

Pour en savoir plus :
www.ecologie-urbaine.be/
Liens avec : AGENDA 21, ÉCOLOGIE, ÉCOSYSTÈME, PLU, VILLE DURABLE, VOITURE, URBANISME

ÉCOMUSÉE

Espace culturel généralement associé à une activité traditionnelle (moulin à huile, ancienne forge, four à chaux…) qui met en scène les relations multiples qu'entretenait l'Homme avec ce milieu particulier. Les documents et objets présentés sont en relation avec les activités humaines traditionnelles qui se sont succédées historiquement sur un site.

Pour en savoir plus :
www.fems.asso.fr
www.agriculture.gouv.fr/spip/ressources.themes.vieenmilieurural
Lien avec : ÉCOLE & NATURE

ÉCOSYSTÈME

Système fonctionnel ou les êtres vivants inter-agissent entre eux en fonction des contraintes du milieu. L'écosystème est un modèle de diversité et de coopération. La complexité est une qualité intrinsèque aux écosystèmes.

Pour en savoir plus :
www.notre.planete.info
Liens avec : BIOTOPE, ENVIRONNEMENT

ÉCOTOURISME

Le tourisme de masse est-il compatible avec les principes du développement durable ? Dans un monde où la progression du développement touristique apparaît comme irrésistible, avec, en 2003, selon l'Organisation Mondiale du Tourisme (OMT), plus de 700 millions de personnes qui ont voyagé à travers le monde (près de 80 millions de visiteurs pour notre seul pays), on est en droit de se poser la question.

Génératrice d'emplois et de devises pour certains pays en voie de développement, l'industrie touristique génère aussi de graves nuisances pour l'environnement tout en déstabilisant, souvent en profondeur, les équilibres sociaux des communautés d'accueil. L'idée de proposer un tourisme différent s'est, petit à petit, imposée au cœur de la réflexion d'un certain nombre d'agences de voyage.

Le concept : «voyager responsable, voyager autrement» associe éthique et marketing. Sous l'égide des Nations Unies, le réseau *Tour Opérator'Initiative (TOI)* regroupant 25 voyagistes, a décidé d'inscrire son action dans les principes du développement durable, en essayant de faire profiter les populations locales des retombées touristiques. Cela passe généralement par une répartition plus équitable des ressources générées par cet écotourisme ou bien par de simples subventions allouées à des ONG intervenants dans les contrées concernées.

L'écotourisme, pétri de bonnes intentions, répond encore assez mal à des critères précis, contrôlables et surtout vérifiables (par un organisme extérieur indépendant). Une charte d'éthique du tourisme a vu le jour en 2000. Elle en appelle à la responsabilité des «touristes et visiteurs qui doivent être des acteurs d'une nouvelle citoyenneté de l'humanité et contribuer au développement économique, à la paix et à l'entente entre toutes les nations du monde».

Être en accord avec cette charte suffit à la délivrance du label «tourisme et éthique» pour les entreprises qui en font la demande. Mais pour beaucoup de professionnels de l'écotourisme, il n'existe toujours pas, en France, de véritable label de développement durable répondant à des critères vraiment fiables.

Pour en savoir plus :
www.afit-tourisme.fr
www.greenglobe21.com
www.tourisme-durable.net
www.tourime.gouv.fr
Liens avec : AGENDA 21, DÉVELOPPEMENT DURABLE, LABELS

EMPREINTE ÉCOLOGIQUE

L'empreinte écologique est une façon de mesurer la pression de l'homme sur la nature. «C'est la surface correspondante de terre productive et d'écosystèmes aquatiques nécessaires à produire des ressources utilisées et à assimiler les déchets produits par une population définie, à un niveau de vie matériel spécifié».
Ce concept a été développé en 1994 aux Etats-Unis et popularisé par l'association de défense de la nature *World Wildlife Fund (WWF)* qui considère que c'est un outil d'évaluation de la surface productive nécessaire à une population pour répondre à sa consommation de ressources et à ses besoins d'absorption de déchets.
L'empreinte écologique globale de l'humanité a presque doublé durant ces 35 dernières années. L'empreinte par personne des pays occidentaux à hauts revenus est en moyenne 6 fois plus élevée que celle de pays pauvres du Tiers-Monde. Selon WWF, l'empreinte écologique était en France, en 1999, de 5,2 hectares par personne, soit supérieure de 83 % à la capacité estimée du pays qui serait de 2,9 hectares par personne.
Les pays riches entraînent l'ensemble de la planète à vivre en surrégime au vu des ressources de la Terre. Nous mettons ainsi gravement en danger la qualité de vie des générations futures en sur-consommant le capital Nature. Au rythme actuel, en 2050, l'empreinte écologique de l'humanité pourrait dépasser de 100 % la capacité biologique de la planète !

Pour en savoir plus :
www.wwf.fr
Liens avec : BRUNDLAND, CONSOMMATION, DÉVELOPPEMENT DURABLE, ÉCOSYSTÈME

ÉNERGIE BOIS

Le bois a été, très longtemps, l'unique combustible de chauffage. De nombreux foyers continuent d'utiliser le bois comme chauffage principal ou d'appoint. En France, 40 millions de mètres cubes de bois sont ainsi valorisés sous forme d'énergie, soit l'équivalent de 9,5 millions de tonnes équivalent pétrole (9,5 Mtep) par an.
Aujourd'hui la filière bois-énergie est équipée de techniques de combustion moderne entièrement automatiques. Ce qui rend accessible le bois-énergie au secteur de l'habitat collectif et au tertiaire (HLM, hôpitaux, lycées, bâtiments communaux et industriels) en diminuant le coût de chauffage de 20 à 50 % du prix des énergies fossiles (pétrole et ses dérivés, gaz). Le bois-énergie provient du broyage de sous-produits forestiers, de sous-produits de l'industrie du bois (scieries, production d'emballages) et des rebuts de bois non recyclés (palettes…)
Le bilan environnemental est appréciable. Le bois alimente un millier de chaufferies industrielles et plus de 500 chaufferies urbaines dont une quarantaine reliées à un réseau de chaleur. On estime que l'utilisation du bois comme énergie évite le rejet de 20 400 tonnes de dioxyde de carbone (CO_2) dans l'atmosphère chaque année et de 39 tonnes de dioxyde de soufre (SO_2), un gaz participant au phénomène des pluies acides qui dégradent les forêts d'Europe centrale. La combustion du bois n'aggrave pas l'effet de serre : cette combustion ne fait que restituer dans l'air le CO_2 prélevé par la photosynthèse.
La réaction de combustion peut entraîner des molécules toxiques : du monoxyde de carbone (CO) si les appareils de chauffage sont mal réglés (des cas d'intoxication peuvent se produire chez des particuliers), des dioxines dont la présence est souvent difficile à quantifier.

Pour en savoir plus :
www.ademe.fr
www.itcbc.org
Liens avec : CHAUFFAGE DOMESTIQUE, ÉNERGIES RENOUVELABLES, EUROPE-ALTENER, POP

ÉNERGIE ÉOLIENNE

Une installation éolienne peut être comparée à une installation hydraulique où le vent tiendrait le rôle de la chute d'eau. L'éolienne se compose d'une hélice à deux ou trois pales, un rotor et une génératrice. Pour produire un courant électrique l'installation nécessite que le vent pousse l'éolienne d'un minimum

de 5 mètres par seconde. En Europe, notre pays a pris un retard considérable quant à l'essor de l'énergie éolienne. Sa production reste faible : 386 mégawatt (MW) (le «Plan Éole» prévoyait pour la France une production d'électricité de 500 MW en 2005). On est encore bien loin de l'Allemagne dont le parc éolien affichait en 2004 une capacité de 16 600 MW, ou même de l'Espagne avec ses 8 200 MW. La région Languedoc-Roussillon avec 117,5 MW est en pointe devant le Nord-Pas-de-Calais, 57 MW. Le plus grand parc éolien off-shore (en mer) se situe au Danemark. Ce parc fournit désormais 20 % de l'électricité du pays. En 2030, il devrait en fournir 50% !
Une politique cohérente de développement de l'éolien est nécessaire. La multiplication anarchique des projets a conforté ses détracteurs. Sous prétexte qu'un champ d'éoliennes altère le paysage et par crainte d'éventuelles nuisances sonores, un début d'hostilité s'est fait jour, ici ou là, parmi certains voisins de projets. La concertation est donc plus que jamais de rigueur entre l'exploitant et les populations qui actuellement sont souvent mises devant le fait accompli par les municipalités à la recherche de nouvelles recettes fiscales.
Il faut savoir qu'une éolienne ne dégrade pas un site. À la fin de son exploitation, le site d'accueil est restitué sans dommage. D'aucuns s'indignent à l'excès de la pollution visuelle qu'engendrerait son implantation mais les mêmes personnes acceptent fort bien les pylones et «guirlandes» de fils électriques d'EDF dans leur environnement habituel ! Le bon sens voudrait qu'au lieu de projets dispersés sur des sites naturels non protégés, des schémas directeurs départementaux, établis en concertation, regroupent les parcs éoliens et assurent leur raccordement souterrain au réseau électrique. Depuis le 8 novembre 2003, les éoliennes de plus de 25 mètres et d'une puissance supérieure à 2,5 MW sont soumises à enquête publique et étude d'impact. Une demande de permis de construire est obligatoire pour les éoliennes de plus de 12 mètres et une modification du Plan d'Occupation des Sols (POS) est indispensable.
L'énergie éolienne peut aussi être un choix individuel pour sa maison. L'installation d'une éolienne revient à environ 10 000 euros. Sa durée de vie est de 20 ans et l'amortissement prendra effet entre 5 et 10 ans selon la consommation. Le coût de l'entretien des contrôles techniques sont aussi à prendre en compte. Non seulement on produit de l'électricité pour sa consommation personnelle, mais on peut vendre son surplus à EDF au prix de 8,38 centimes d'euro par kwh hors taxes (arrêté du 8 juin 2001).

Pour en savoir plus :
www.eole.org
www.suivi-eolien.com
www.espace-eolien.fr

Liens avec : ADEME, CONCERTATION, ÉNERGIES RENOUVELABLES, ÉTUDE D'IMPACT, NIMBY, ENQUÊTE PUBLIQUE

ÉNERGIE HYDRAULIQUE

Elle est obtenue par le courant de l'eau. Pour la rendre exploitable les centrales hydroélectriques utilisent la force des chutes d'eau. La concentration de cette énergie est obtenue par cascades naturelles ou par l'aménagement de barrages afin d'installer une centrale sur un débit suffisant. L'eau ainsi canalisée meut une turbine qui entraîne un générateur électrique.
Si on connaît bien le barrage, on est moins familiarisé avec la petite centrale hydraulique dont la technologie est pourtant la mieux maîtrisée de toutes les énergies renouvelables. Très fiable, une centrale doit simplement respecter le débit de l'eau. Un autre impératif écologique est d'éviter de trop perturber la faune aquatique en installant des corridors pour les poissons. Les barrages sont des obstacles infranchissables pour le saumon, qui a du mal, en remontant le cours des fleuves et rivières, beaucoup de mal à trouver les passages (corridors ou ascenseurs) mis à sa disposition par l'Homme. Cela serait une des causes de sa quasi disparition dans les rivières de notre pays.
L'énergie hydraulique est une énergie renouvelable qui a du mal à se développer en France. En effet, les contraintes en terme de protection des cours d'eau limitent très sensiblement la création de nouveaux sites. Comme quoi il est parfois difficile de concilier énergie «propre» et protection des milieux aquatiques… Beaucoup de cours d'eau sont classés, excluant tout nouvel aménagement. La France avec 2 100 MW et l'Italie avec 2 300 MW, sont les deux premiers pays européens en énergie hydraulique.

Pour en savoir plus :
www.ademe.fr/midi-pyrenees/
www.hsf-h2o.org
Liens avec : EAU, ECOSYSTÈME, ÉNERGIES RENOUVELABLES, SITE CLASSÉ, PÉRIMÈTRE DE PROTECTION, SDAGE

ÉNERGIE SOLAIRE

Pendant longtemps, l'énergie solaire a symbolisé pour les écologistes, l'énergie du futur, alternative au nucléaire. C'est une énergie propre, gratuite et indéfiniment renouvelable. L'énergie solaire arrive dans l'atmosphère sous la forme d'un rayonnement électromagnétique induisant lumière et chaleur.

L'élément de base est le capteur solaire qui piège, en la concentrant derrière une surface vitrée, la chaleur des rayons du soleil. Son coût de revient est amorti en moins de cinq ans. Les économies qu'il nous permet de réaliser en gaz et électricité sont substantielles.
Le chauffe-eau solaire permet de couvrir dans les pays et régions ensoleillées jusqu'à 70 % de la consommation d'eau chaude annuelle d'une famille. Il s'adapte dans la plupart des cas à une habitation existante. Les aides publiques, délivrées par les pouvoirs publics (ADEME, Conseils régionaux et parfois Conseils généraux) favorisent le marché. Les professionnels du bâtiment devraient être formés pour promouvoir et mettre en œuvre les technologies solaires et bioclimatiques permettant de réduire les consommations d'énergie de l'habitat.
Grâce aux photopiles solaires assemblées en panneaux, l'énergie solaire est directement transformée en électricité. Malgré un coût d'installation encore onéreux, le solaire photovoltaïque est indiqué pour des sites à l'accessibilité difficile (haute montagne, zones désertiques…) dont le raccordement au réseau est hors de prix et techniquement problématique. Malgré son prix et au regard des services qu'il facilité (secours en montagne, électrification de sites isolés, etc...) le photovoltaïque est, au bout du compte à moyen et long terme, plutôt économique.

Pour en savoir plus :
www.ademe.fr
www.energies-renouvelables.org
www.energie-cites.org
www.outilsolaires.com
www.solaire.org
www.inti.be
www.banque-solidarites.coop
Liens avec : CHAUFFAGE DOMESTIQUE, ÉNERGIES RENOUVELABLES, HABITAT, HABITATION

ÉNERGIE VERTE OU BIOMASSE

Au sens large la biomasse désigne l'ensemble des organismes vivants (faune et flore). Le terme biomasse s'applique aussi aux végétaux utilisés comme source d'énergie. Il existe deux technologies permettant de récupérer l'énergie contenue dans la biomasse, selon la nature de la matière végétale. L'une est thermochimique, comme par exemple la combustion du bois, qui fournit de la chaleur et dégage du dioxyde de carbone (CO_2).

L'autre est biochimique qui produit, par fermentation méthanique, du biogaz récupérable sous certaines conditions (procédé industriel de méthanisation). Par fermentation alcoolique le sucre des céréales ou d'autres produits agricoles donne de l'éthanol ou de l'esther utilisables comme biocarburants additifs aux carburants traditionnels.

Pour en savoir plus :
www.passerelleco.info
Liens avec : BIOCARBURANTS, BIODÉGRADABILITÉ, COMPOST, ÉNERGIES RENOUVELABLES, MÉTHANISATION

ÉNERGIES RENOUVELABLES

Les énergies renouvelables ont pour caractéristiques de laisser intactes les ressources fossiles (charbon, gaz, pétrole) de la planète, qui au rythme frénétique de la croissance de la consommation mondiale, s'amenuisent rapidement. Au niveau actuel de production, les réserves pétrolières seront épuisées dans une quarantaine d'années, si aucun nouveau gisement d'importance n'est découvert d'ici là. Pour ce qui est des réserves de gaz naturel, le délai est d'une soixantaine d'années. Les réserves de charbon sont plus importantes et ne devraient s'épuiser que dans 200 ans.
L'heure a sonné pour les énergies renouvelables. D'origine naturelle et en perpétuel renouvellement, elles sont intarissables : elles proviennent de l'eau (énergie hydraulique), du vent (éolienne), du bois (biomasse), du soleil (solaire), de la terre (géothermique), des déchets (thermique)… Toutes permettent de fabriquer de l'énergie électrique ou mécanique en complémentarité des énergies fossiles ou fissiles (nucléaire). En 2000, ces énergies renouvelables représentaient 5 % de l'offre énergétique mondiale contre 50 % pour le charbon et le gaz, 38 % pour le pétrole et 4 % pour le nucléaire.
Ces énergies renouvelables concourent, évidemment à une moindre pollution de l'atmosphère et ne génèrent pas de déchets hautement toxiques et radioactifs comme pour le nucléaire. Afin de réduire les émissions de CO_2 et lutter contre l'effet de serre, l'Union Européenne s'est fixée pour objectif 22 % d'énergie d'origine renouvelable en 2010. Nous en sommes encore bien loin ! Le premier de la classe européenne est toujours l'Allemagne qui a choisi de sortir du nucléaire et qui reste championne du monde pour l'énergie éolienne (40 % du parc éolien mondial) et numéro deux derrière le Japon, pour la production d'énergie solaire. Pour sa part, la France a consommé en 2003 une énergie provenant à 42 % de son parc nucléaire, à 33,8 % de l'industrie pétrolière, à 14,6 % du gaz naturel,

à 4,9 % du charbon et à 4,7 % des énergies renouvelables. Notre pays a aussi pris du retard, depuis 20 ans dans la chasse au gaspi énergétique. Doit-on l'expliquer dans une France nucléolâtre par cette fausse idée d'une énergie nucléaire peu couteuse qui ne prend pas en compte le coût du traitement de la gestion des déchets nucléaires, ni le coût du démantèlement des centrales en fin de vie. Un Français, en moyenne, consomme 15 % d'énergie de plus qu'un Italien, 12 % de plus qu'un Anglais et 10 % de plus qu'un Allemand...

Pour en savoir plus :
www.clerc.org
www.fne.asso.fr
www.ciele.org
http://perso.wanadoo.fr/abies.be/fee
www.vrai-debat.org
www.energies-renouvelables.org
www.sortirdunucleaire.org
www.negawatt.org
www.vrai-debat.org
www.agores.org
www.eren.doe.gov/RE/

Liens avec : CHAUFFAGE DOMESTIQUE, ÉNERGIE BOIS, ÉNERGIE ÉOLIENNE, ÉNERGIE HYDRAULIQUE, ÉNERGIE SOLAIRE, ÉNERGIE VERTE, EUROPE-ALTENER, HABITAT, HABITATION

ENQUÊTE PUBLIQUE

L'enquête publique est une procédure dont l'objet est d'informer le public et de recueillir ses suggestions, avis ou propositions, préalablement à certaines décisions d'aménagement d'intérêt général. Elle dure, un mois dans la plupart des cas et doit obligatoirement être portée à la connaissance du public par voie de presse, affichage en mairie et sur le site concerné.
Le président du Tribunal Administratif nomme un commissaire-enquêteur qui supervise l'enquête, recueille les suggestions et remarques des populations et, en conclusion, donne un avis, généralement suivi par la préfecture ou la collectivité concernée. Durant toute la durée de l'enquête les documents officiels, présentant le ou les projets, sont mis à la disposition du public dans les mairies. Une étude d'impact est jointe dans certains cas à ces documents. La mise en place de cette procédure incombe aux préfets et aux maires. Malgré la démocratisation de la

procédure voulue par la loi Bouchardeau du 12 juillet 1983, renforcé par la loi du 2 février 1995, malgré le «surseoir à exécution» en cas d'avis défavorable du commissaire-enquêteur, les enquêtes publiques apparaissent trop souvent comme le «maquillage démocratique» de décisions déjà acquises.
N'hésitons pas à faire connaître notre point de vue en prenant connaissance du dossier déposé dans la mairie concernée, en vérifiant que toutes les pièces du dossier sont jointes, enfin en consignant nos remarques sur le registre mis à la disposition du public. Mieux encore, si le projet nous inquiête, créons une association de défense locale, relayée dans un souci d'efficacité par une association généraliste de protection de l'environnement. Nous aurons ainsi plus de chance de contrecarrer un projet néfaste à l'environnement. Par son «intérêt à agir» l'association locale pourra attaquer, devant le Tribunal Administratif, sur le fond et/ou sur la forme les décisions qui seront prises.

Pour en savoir plus :
www.journal-officiel.gouv.fr
www.fne.asso.fr
www.industrie.gouv.fr
www.afie.net

Liens avec : ASSOCIATION, ASSOCIATIONS DE PROTECTION DE LA NATURE ET DE DÉFENSE DE L'ENVIRONNEMENT, CONCERTATION, DRIRE, ÉTUDE D'IMPACT, INSTALLATIONS CLASSÉES, PLU, PRÉCAUTION

ENVIRONNEMENT

C'est un vieux mot français réutilisé par le biais du terme anglais *environment* dans son sens, voisin, de milieu géographique. Le mot environnement est si général qu'il est difficile de le définir. Il s'agit du milieu naturel mais aussi du milieu concret construit par l'homme ainsi que tout ce que peut affecter le comportement de l'homme. L'idée de détérioration de l'environnement provoquée par la civilisation industrielle, est fortement associée au terme d'environnement. Pourtant celui-ci comprend une connotation sociologique moins idéologique que le terme d'écologie. Un environnementaliste, s'il milite pour la défense et la protection de la nature, ne fera pas forcément siennes les analyses et le positionnement politique d'un militant écologiste.

Pour en savoir plus :
http://vosdroits.service-public.fr/particuliers
http://home.nordnet.fr/

www.fne.asso.fr
www.inra.fr
Liens avec : ASSOCIATIONS DE PROTECTION DE LA NATURE ET DE DÉFENSE DE L'ENVIRONNEMENT, ÉCOLOGIE

ÉTUDE D'IMPACT

Étude qui a consisté pendant longtemps à appréhender uniquement les facteurs liés à un projet d'aménagement pouvant avoir des effets plus ou moins importants sur l'environnement dans ses différents éléments : flore, faune, et milieu aux conditions de vie particulières. Depuis 1996, l'article 19 de la loi sur l'air exige que les effets sur la santé soient inclus explicitement dans les études d'impact.

Aujourd'hui encore ces études sont trop souvent de simples formalités. Elles sont perçues par les uns comme des obstacles administratifs incontournables, par les autres comme des documents sans prise en compte réelle. Les impacts sur le paysage restent souvent le parent pauvre de ce genre d'étude.

Ces études prévues réglementairement dans de nombreux cas, devraient être généralisées et considérées comme indispensables avant tout aménagement quel qu'il soit. Ce qui n'est pas encore le cas.

Vérifions que, dans les documents qui nous sont soumis lors d'une enquête publique, l'étude d'impact, comme l'étude de santé et l'étude des dangers, soient jointes au dossier. Si cela n'est pas le cas, l'enquête publique est caduque… à la condition expresse d'ouvrir un contentieux devant le Tribunal Administratif.

Pour en savoir plus :
www.ineris.fr/recherches/referentiel/referentiel1.htm
www.invs.sante.fr/publications/default.htm
www.afie.net
www.fne.asso.fr
Liens avec : ENQUÊTE PUBLIQUE, INSTALLATIONS CLASSÉES, URBANISME

EUROPE

Il aura fallu la catastrophe nucléaire de Tchernobyl en Ukraine en 1986, avec son nuage radioactif qui toucha une bonne partie de l'Europe, pour que le grand public réalise que les problèmes environnementaux ne connaissent pas de frontières.

L'Union Européenne a pris à bras le corps la problématique environnementale en faisant plus et mieux que ses états membres en matière de protection de l'environnement. Il faut savoir que dans ce domaine les politiques publiques sont, à ce jour, à 80 % d'origine communautaire. L'Agence Européennc de l'Environnement (AEE), créée en 1990, est aujourd'hui un pôle d'observation et d'information sur l'état de l'environnement dans les territoires de l'Union. L'Europe légifère aussi en Environnement. La réglementation européenne utilise plusieurs outils :

- Le règlement de portée générale, obligatoire et directement applicable,
- la directive qui fait obligation de résultat mais laisse les moyens à l'initiative des États membres,
- la décision qui s'adresse à un destinataire particulier, gouvernement ou entreprise par exemple,
- la recommandation, l'avis ou la résolution n'ont aucun caractère obligatoire.

Il serait erroné de penser que tout est idyllique. La Commission européenne pointe nombre de manquements ou de retards dans la transposition des directives européennes dans les États membres de l'Union Européenne. À la fin de l'année 2003, la Commission relève 88 cas dans lesquels les directives relatives à l'environnement n'ont pas été transposées à temps et 118 cas où elles n'ont pas été correctement transposées. L'État membre le plus indiscipliné est la France suivie de peu par la Grèce.

Au 31 décembre 2003, le nombre de procédures d'infractions en cours pour violation du droit communautaire de l'environnement s'élevait à 509. C'est la réglementation sur la pollution de l'air qui est la moins respectée (24,6 %) suivie de la réglementation sur les déchets (21,6 %), puis celle de l'eau (19,3 %). Les infractions à la protection de la nature arrivent en quatrième position (15,6 %). Viennent ensuite les produits chimiques et les biotechnologies (8,3 %) et les évaluations d'impacts (7 %).

<u>Pour en savoir plus :</u>

http://europa.eu.int/secretariat_general/sgc/aides/index_fr.htm

http://europa.eu.int/comm/environment/law

www.foeeurope.org/euvotewatch/index.pht

http://actionnature.chez.tiscali.fr

Liens avec : EUROPE-ALTÉNER, EUROPE-LIFE, NATURA 2000

EUROPE - ALTERNER

Le programme ALTERNER est un programme pluriannuel qui vise à généraliser les énergies renouvelables en Europe par des soutiens financiers aux actions, études et évaluations techniques qui favorisent le développement des énergies renouvelables dans l'Union Européenne.

__Pour en savoir plus :__
www.midipyreneeseurope.be
Lien avec : ÉNERGIES RENOUVELABLES

EUROPE - LIFE

Les programmes européens LIFE, conçus dans un esprit de développement durable, fonctionnent sur appel à projets. Le volet LIFE Nature est orienté vers la conservation de l'habitat naturel, de la faune et de la flore sauvage. LIFE Environnement concerne toutes les actions de soutien ou d'incitation visant à aider les collectivités territoriales à intégrer les préoccupations environnementales dans l'aménagement du territoire. Les bénéficiaires de ces aides européennes sont toutes personnes physiques ou morales ayant un projet qui «tient la route». Les aides peuvent aller de 50 % à 75 % des coûts éligibles. Chaque année, la date limite des dépots de propositions de projets se situe entre le 15 novembre et le 15 décembre.

__Pour en savoir plus :__
www.environnement.gouv.fr/europe/guide-financement
http://europa.eu.int/comm/environnement/life/neuws/life-env_press02.htm
Liens avec : DÉVELOPPEMENT DURABLE, DIREN, EUROPE, NATURA 2000, ZPS

EXPERTISE

L'expertise est aujourd'hui soumise a des pesanteurs et des hiérarchies qui entravent sa liberté d'expression. Parce que l'indépendance de l'expert est toujours un sujet à l'ordre du jour, il serait temps qu'il ait un véritable statut. En tout premier lieu, il devrait être interdit à quiconque d'être expert ou de siéger dans une commission d'experts s'il a un intérêt direct ou indirect dans une demande d'autorisation ou dans un dossier.
Il faut reconnaître non seulement le droit mais le devoir de libre expression de l'expert. Cette obligation devrait engager sa responsabilité dans certaines

circonstances impliquant la santé publique ou l'environnement. La rétention d'information devrait être considérée comme un délit pour les experts, mais également pour les décideurs, lorsque, en toute connaissance de cause, ils choisissent d'occulter les éléments d'information pour protéger des intérêts économiques quels qu'ils soient. Puisque le droit à l'information du public est aujourd'hui reconnu, il est indispensable que les expertises soient rendues publiques.

Les commissions d'experts devraient fonctionner comme des expertises judiciaires présentant de véritables pouvoirs d'enquêtes et permettent notamment d'obtenir des informations même couvertes par le secret industriel.

L'expertise contradictoire est un réel progrès : parler les uns devant les autres c'est être contraint d'expliquer et de s'expliquer. Le débat contradictoire oblige à argumenter une thèse comme son antithèse, à charge de trouver un consensus ou d'entériner un désaccord. L'avis minoritaire a la possibilité d'être exprimé et défendu.

Pour en savoir plus :
http://europa.eu.int/comm/development/body/legislation
Lien avec : PRÉCAUTION

FRICHE INDUSTRIELLE, AGRICOLE OU URBAINE

Site abandonné par son propriétaire ou son responsable dans un état d'abandon manifeste pouvant générer des nuisances ou des pollutions. Selon des chercheurs du Centre National de la Recherche Scientifique (CNRS), il existerait, en France, à ce jour, 200 000 à 300 000 sites potentiellement pollués... contre 896 officiellement recencés par le gouvernement français en 1999 ! Les risques sanitaires sont réels. Un grand nombre de terrains recèlent d'importantes quantités de produits dangereux, stockées, depuis des dizaines d'années, dans l'indifférence de l'autorité publique. Ce qui aujourd'hui demande une surveillance et un stockage rigoureux (REFIOM, hydrocarbures cancérigènes, métaux lourds, mercure, amiante…) a été hier ou avant-hier déposé et enfoui, sans précaution n'importe où, n'importe comment ! Ces sites pollués, souvent tombés dans l'oubli, sont parfois urbanisés avec tous les risques sanitaires que cela comporte.
L'information est indispensable. Sachons lorsqu'on veut bâtir où l'on met les pieds. Demandons à la mairie l'historique d'un quartier ou d'un site.
La dépollution des sols est une urgence et une cause nationale. Encore faudrait-il avoir le courage de reconnaître l'ampleur des dégâts et ne pas les

minimiser. Un inventaire national des sites présumés pollués serait à réaliser avec l'aide du Bureau de Recherches Géologiques et Minières (BRGM).

Pour en savoir plus :
www.ademe.fr
www.ineris.fr
www.cnpp.com
www.environnement.gouv.fr
www.industrie.gouv.fr
www.brgm.fr
Liens avec : AMIANTE, INSTALLATIONS CLASSÉES, INCINÉRATION, PLU, URBANISME

GOUVERNANCE

Nouveau concept pour définir le nouvel exercice des pouvoirs économiques, politiques et administratifs dans une gestion transparente des affaires des pays à tous les niveaux. Elle comprend les mécanismes, procédés et institutions par lesquels les citoyens articulent leurs intérêts privés et collectifs, exercent leur droits légaux, remplissent leurs obligations et gèrent leurs différences. La gouvernance repense les mécanismes décisionnels en appelant à la constitution de réseaux partenariaux et participatifs dont la fluidité des structures n'entache en rien la légitimité des décisions prises. Le concept de gouvernance, qui n'est en fait qu'un nouvel habillage sémantique remplaçant celui de participation, prend acte du décalage croissant entre les gouvernants et le peuple dans sa diversité, rebaptisé pour l'occurence société civile. L'exercice délicat et difficile de la gouvernance devrait revitaliser la pratique citoyenne dans une société à la gestion de plus en plus complexe pour peu que les élus et les administratifs ne campent pas avec dédain sur le levantin de leurs prérogatives.
N'attendons pas que l'on veuille bien condescendre à nous solliciter ! Dans le cadre de la gestion municipale, incitons nos élus à mettre en place des comités de quartiers et à systématiser la mise en place de commissions thématiques extra-municipales.

Pour en savoir plus :
http://europa.eu.int/comm/gouvernance/index
www.urbanisme.equipement.gouv.fr/cdu/accueil/bibliographies/gouvernance
Liens avec : AARHUS, CONCERTATION, CNDP, CONSEIL DE DÉVELOPPEMENT, DÉVELOPPEMENT DURABLE

HABITATION

Avant de faire construire une maison, assurons-nous que le terrain choisi est constructible, qu'il n'est pas sur une zone inondable ou à risques (sur un site d'une ancienne carrière ou bien d'une ancienne décharge…), et qu'il est bien viabilisé. Le permis de construire doit répondre à certaines obligations techniques et esthétiques. Pour cela il est préférable de contacter le service approprié de la mairie ou l'adjoint en charge de l'urbanisme. L'orientation de la maison est importante pour la facture énergétique à venir comme son isolation qui permet jusqu'à 30 % d'économie de chauffage. **Limitons les ouvertures au Nord, au profit d'ouvertures au Sud. Exigeons à l'intérieur des murs épais accumulateurs de chaleur l'hiver, de fraîcheur l'été.** La lumière naturelle qui baigne l'intérieur d'une maison est importante pour la qualité de vie et la santé : meilleur confort visuel, régulation du métabolisme et action bénéfique sur le psychisme. En outre la lumière naturelle joue un rôle non négligeable dans l'éradication des acariens qui sont la cause de multiples allergies respiratoires.

Limitons au maximum le «tout électrique» les convecteurs et climatiseurs gourmands en kilowatt. Le climatiseur a toujours fait l'objet dans notre pays d'une promotion ahurissante de la part du lobby pro-nucléaire. Depuis le drame de la canicule d'août 2003, on nous sollicite plus que jamais pour l'introduire dans nos habitations. La climatisation ne remplace pas l'aération (elle recycle l'air intérieur). Elle peut faire du bruit, elle est gourmande en énergie et utilise des fluides colporteurs fortement suspectés de réduire la couche d'ozone et de contribuer à renforcer l'effet de serre. La mise en place d'un chauffe-eau solaire individuel sera vite rentabilisée et nous fera économiser en gaz ou électricité. **Ouvrons les fenêtres la nuit pour faire entrer la fraîcheur; fermons aux 3/4 les volets le jour, étendons des linges humides qui rafraichissent l'air, passons une toile mouillée sur les sols, peignons tous nos volets d'une couleur claire (les teintes foncées concentrent la chaleur).**

Pour en savoir plus :
www.fncaue.asso.fr
http://batirsain.free.fr
www.assohqe.org
www.archi-energie.org
www.ensmp.fr
www.energenie.com
www.air-interieur.org
www.negawatt.org
www.clcv.org
www.eco-logis.com

Liens avec : AMIANTE, CAUE, CHAUFFAGE DOMESTIQUE, ÉCLAIRAGE DOMESTIQUE, ÉNERGIE SOLAIRE, PLU, RADON, URBANISME, ZONAGE

HAUTE QUALITÉ ENVIRONNEMENTALE (HQE)

La prise en compte de la qualité environnementale des bâtiments, plus connue sous l'appellation de démarche HQE (Haute Qualité Environnementale), est un phénomène relativement récent mais qui prend de plus en plus d'ampleur. Cette démarche nouvelle s'inscrit dans la politique de développement durable en matière d'habitat et de plan d'urbanisme. Le bâti durable répond à différentes contraintes, notamment celle d'intégrer la réduction des impacts environnementaux en particulier énergétiques et sanitaires de la HQE.

Le temps de l'énergie facile étant révolu, l'utilisation efficace des énergies renouvelables, la démarche architecturale bioclimatique (habitat dit «passif» car à faible déperdition et consommation énergétiques), l'usage de l'inertie thermique avec le choix de nouveaux matériaux participant à la recherche du moindre impact environnemental, sont devenus indispensables. La HQE est aujourd'hui une démarche globale de management des projets visant à minimiser l'impact d'un bâtiment sur son environnement pendant son cycle de vie. La HQE signifie surtout une modification des modes de travail de l'ensemble des acteurs, maîtres d'ouvrage, concepteurs, fonctionnaires, instructeurs de dossiers…

Les collectivités locales, maîtres d'ouvrage, peuvent intégrer «l'impératif HQE» dans le cahier des charges des bâtiments publics et bénéficier ainsi d'aides de l'ADEME.

Pour en savoir plus :
www.ademe.fr
www.archi-energie.org
www.archi.fr/MIQCP
www.assohqe.fr
www.cstb.fr

Liens avec : ADEME, CAUE, ÉNERGIE BOIS, ÉNERGIE SOLAIRE, PLU

INCENDIES

Avant d'incriminer la déprise agricole favorisant l'expansion de la forêt méditerranéenne, l'écobuage ou encore les actions de déséquilibrés pyromanes, les causes d'incendies les plus fréquentes sont liées à l'irresponsabilité de quelques promeneurs du dimanche. Le besoin de nature favorise l'augmentation de la fréquentation des massifs forestiers et accroît d'autant les risques de départ de feux en période estivale. Depuis 2001, la prévention des incendies de forêt dans le Sud-Est passe par la mise en place dans les départements concernés de Plans de Défense de la Forêt contre les Incendies (PDFI) avec notamment une plus grande sensibilisation des populations aux gestes de prévention comme ceux du débroussaillage.

Des comités communaux de feux de forêt ont vu le jour tandis qu'au niveau régional deux organismes coordonnent la lutte préventive : l'Entente départementale (qui regroupe 15 départements du Sud-Est) et le Conservatoire de la forêt méditerranéenne. Des contrats de reconstruction écologique des forêts détruites sont aussi envisagés.

Pour en savoir plus :
www.onf.fr
www.promethee.com
Liens avec : DÉBROUSSAILLAGE, PPR

INCINERATION

L'incinération ne peut en aucun cas être considéré comme la panacée pour résoudre l'élimination des déchets. C'est une méthode de traitement des déchets ménagers (ou industriels) qui consiste à les brûler dans des unités de traitement appropriées satisfaisant à des normes européennes, pour en diminuer de 3/4 le volume. L'incinération fait peur (surtout aux riverains de ces unités de traitement). Trop longtemps de nombreuses unités d'incinération ont pu, sans contrôle sérieux, envoyer dans l'atmosphère des rejets polluants à des doses inacceptables (risques de cancer). Il y avait des années que ces incinérateurs ne répondaient plus aux critères de sécurité et posaient de réels problèmes de santé publique. Il a fallu attendre 2000 pour qu'enfin les pouvoirs publics s'émeuvent de cette situation et ordonnent l'arrêt de la plupart d'entre eux. Le développement de la filière incinération a connu un grand essor en France. Aujourd'hui pourtant la politique française en matière de déchets va dans le sens d'une stabilisation du traitement par incinération en favorisant la valorisation matière (via les collectes sélectives) ou d'autres procédés prometteurs comme la méthanisation. Dans une unité d'incinération, la combustion des déchets dans des fours génère l'émission de poussières et de polluants gazeux qui sont traités afin d'en neutraliser les gaz acides comme le chlore ou les redoutables dioxines (PCDD) et autres métaux lourds comme le cadmium (Cd). Des résidus de combustion, les mâchefers, sont récupérés (une tonne de déchets brûlés produit 250 kg de mâchefers) à la sortie des fours. Ils sont en grande partie, valorisables et utilisés en sous-couches routières ou en ronds-points, dans des conditions sanitaires précises, bien que leur utilisation fasse encore débat à cause de la percolation des eaux de ruissellement.

Les Résidus d'Epuration des Fumées d'Incinération des Ordures Ménagères (REFIOM) sont les cendres de dépoussiérages et les résidus des différents polluants extrêmement dangereux issus de l'incinération. Pour une tonne de déchets brûlés, on récupère 35 kg de REFIOM. Hautement toxiques, ces REFIOM sont envoyés dans un Centre de stockage de classe I pour y être enfouis.

La torche à plasma est une technique d'incinération à une très haute température (2000 à 5000°C) qui peut remplacer ou se surajouter au procédé classique des fours à grille. Elle est peu utilisée en France (à cause peut-être de son coût et sa dépense en énergie) qui permet de transformer les REFIOM, par fusion, en vitrifiat.

La chaleur engendrée par la combustion permet aujourd'hui dans de nombreuses unités d'incinération, dotées de turbo-alternateurs, de produire de l'électricité qui est exportée sur le réseau EDF.

Il est primordial que des contrôles soient effectués en continu à la sortie des cheminées comme sur les sols environnants afin de surveiller les quantités de polluants dégagés et de rester dans les normes actuelles : en dessous de 0,1 ng (0,1 nanogramme) par Nm^3 de dioxines, en dessous de 200 mg/Nm^3 d'oxydes d'azote (NOx). Ces mesures doivent être effectuées par des laboratoires indépendants sous l'égide de la Commission Locale d'Information et de Surveillance (CLIS) où siègent des représentants de l'État, des collectivités, de l'exploitant, ainsi que des associations de défense de l'environnement. Les chiffres des contrôles quotidiens doivent être régulièrement communiqués aux organismes et associations formant la CLIS.

La construction d'incinérateurs de grande capacité induit leur rentabilisation par un ratio important de déchets. Or, les déchets qui brûlent le mieux sont ceux qui sont aussi les plus recyclables, particulièrement les Déchets Industriels Banals (DIB) comme les cartons, les palettes de bois, les plastiques... Le développement du tri sélectif peut, insidieusement être sacrifié sur l'autel de la rentabilité.

<u>Pour en savoir plus :</u>
www.ademe.fr/htdocs/actualite/dossier/dioxines.htm

www.greenpeace.fr/camapgnes/toxiques/incineration/menage.php3
www.wwf.fr
www.cniid.org
www.incineration.org
http:/prevair.ineris.fr
www.industrie.gouv.fr
www.invs.sante.fr

Liens avec : AIR, ASSOCIATIONS DE PROTECTION DE LA NATURE ET DE DÉFENSE DE L'ENVIRONNEMENT, CENTRES DE STOCKAGE, COGÉNÉRATION, DÉCHETS MÉNAGERS, INSTALLATIONS CLASSÉES, COLLECTE SÉLECTIVE, POP

INONDATIONS

La ville de Nimes en 1989, les départements du Vaucluse et des Pyrénées-Orientales en septembre et novembre 1992, l'Aude en novembre 1999, la Somme tout l'hiver 2000, la Bretagne au printemps 2001, le Gard de nouveau en 2002… Deux millions de Français vivent, la plupart du temps sans le savoir, dans des zones inondables. Les inondations sont de loin le risque naturel qui prédomine en France métropolitaine et qui en ces trois dernières décennies ont causé de nombreuses pertes humaines.
On distingue trois grands types d'inondations liés à des précipitations intenses fréquentes tout particulièrement dans le pourtour méditerranéen. La violence des crues est facilitée par des sols peu perméables et une urbanisation anarchique faisant obstacle à l'écoulement naturel des eaux. On distingue les crues torrentielles avec des montées extrêmement rapides des eaux (plusieurs mètres par heure) des rivières, les crues fluviales en aval des grosses rivières ou fleuves, enfin les crues en zone fortement urbanisées avec ou sans cours d'eau.
L'urbanisation mal maîtrisée est la plus préjudiciable. Les constructions dans le lit majeur des rivières, le grignotage incessant des zones naturelles d'expansion des crues, le bétonnage des bords des cours d'eau, sont autant de facteurs à risque. On a continué malgré cela à construire dans des zones inondables car le coût y est souvent moins cher. Hélas, pour les administrés des communes régulièrement inondées, les franchises des primes d'assurances, ont aujourd'hui énormément augmenté !
Les Plans de Préventions des Risques d'Inondation (PPRI) parachevent la batterie de lois relatives à l'information des populations concernées, les circulaires sur les contrôles ou les interdictions d'urbaniser dans les zones inondables.

La récente loi sur les risques naturels instaure l'obligation de réunions locales d'information, tous les deux ans dans les communes les plus exposées. Tout acte de vente doit désormais indiquer clairement si on est ou pas en zone inondable.

Élaborés par la préfecture, les PPR contraignent les communes (via la maîtrise de l'urbanisme et le PLU) ou les simples habitants (car s'appliquant à des constructions déjà existantes) à prendre en compte la prévention des risques naturels. Avec cette loi, l'État peut aller jusqu'à exproprier et démolir des constructions existantes, s'il s'avère que des vies humaines sont en danger (zones inondables, glissement de terrain etc...). L'entretien des berges des rivières, et autres cours d'eau est un geste éco-citoyen de première importance dont ne peuvent s'exonérer ni les communes, ni les riverains.

En cas d'inondations brutales, il faut gagner immédiatement les hauteurs les plus proches. Ne jamais revenir sur ses pas, ne pas aller chercher les enfants à l'école (leurs secours est la priorité des pouvoirs publics en cas de sinistre) et surtout garder son calme.

Pour en savoir plus :
www.equipement.fr
http://nedies.jrc.it
maisonquiflotte.free.fr
Liens avec : BASSIN VERSANT, PLU, PPR, PRÉCAUTION, SDAGE, URBANISME

INSTALLATIONS CLASSÉES POUR LA PROTECTION DE L'ENVIRONNEMENT (ICPE)

Installations industrielles présentant des dangers ou des inconvénients pour l'environnement. Les activités industrielles sont soumises à la législation sur les Installations Classées pour la Protection de l'Environnement (ICPE).

Les Centres de Stockage de Déchets (CSD) de classe I ou de classe II, ainsi que les unités d'incinération ou les décharges «contrôlées» sont soumis à la réglementation des installations classées. La déclaration doit être faite par l'exploitant auprès du préfet. La procédure d'autorisation à exploiter comprend : le dépôt d'un dossier avec étude d'impact, étude de dangers, étude de santé, suivi d'une enquête publique et pour finir un arrêté d'autorisation ou de refus.

Les installations classées, dites de type *Seveso* (référence faite à la grave pollution issue d'une usine d'industrie chimique à Seveso, en Italie en 1976) inquiètent le plus car elles constituent des risques industriels majeurs avec des substances toxiques. Dans les communes exposées aux risques, des dossiers communaux synthétiques (DSC) doivent recencer et exposer les risques encourus par les habitants.

Sur les sites comportant des dangers particuliers, des Comités Locaux d'Information et de Surveillance (CLIS) sont mis en place sous l'autorité préfectorale afin de surveiller et d'informer le public sur les installations et leurs effets éventuels sur la santé et l'environnement. Ces structures regroupent les autorités compétentes les élus et les associations de défense de l'environnement.

Si nous nous trouvons directement concernés par l'ouverture d'une installation classée, créons une association de défense ou demandons à être représentant d'une association locale liée à la Fédération France Nature Environnement (FNE)... et demandons aux autorités préfectorales de pouvoir siéger à la CLIS. Au sein de cet organisme, exigeons que soient organisés des contrôles en continu sur le site, et qu'ils soient effectués par des organismes ou laboratoires indépendants !

Pour en savoir plus :
www.ineris.fr
www.cnpp.com
www.ecologie.gouv.fr
www.industrie.gouv.fr
www.invs.sante.fr
www.liste-hygiene.org/veille.html
http://vosdroits.service-public.fr/particuliers
Liens avec : ASSOCIATIONS DE PROTECTION DE LA NATURE ET DE DÉFENSE DE L'ENVIRONNEMENT, CENTRES DE STOCKAGE, DRIRE, ENQUÊTE PUBLIQUE, ÉTUDE D'IMPACT, INCINÉRATION, NIMBY, POP

JOURNÉES DE L'ENVIRONNEMENT

Créées en 1989, les journées nationales de l'Environnement ont lieu autour du 5 juin, décrétée «Journée mondiale de la Terre» par l'UNESCO en 1972. Si les premières journées nationales s'adressaient essentiellement au secteur associatif, aujourd'hui le partenariat avec le ministère s'est élargi à l'ensemble des acteurs de l'Environnement : établissement publics, entreprises, administrations, collectivités territoriales… Les DIREN sont chargées annuellement de la promotion et de la coordination de l'ensemble des manifestations programmées durant cette semaine.

Pour en savoir plus :
www.ecologie.gouv.fr
Lien avec : DIREN

KYOTO (protocole de)

Chaque année, les activités humaines génèrent 6 milliards de tonnes de carbone qui sont lachées dans l'atmosphère. Si la moitié est absorbée par les océans et la végétation, l'autre moitié (3 milliards de tonnes) s'accumulent dans l'atmosphère.
En 1997, dans le cadre de la conférence sur le climat, 159 pays s'étaient mis d'accord pour tenter de réduire de 5,2 %, d'ici 2012, les émissions de six gaz à effets de serre présents dans l'atmosphère. Ce sont le dioxyde de carbone (CO_2), le méthane (CH_4), le protoxyde d'azote (N_2O), les hydrocarbures fluorochlorés (HFC), les perfluorocarbones (PFC) et les hexafluorures de soufre (SF_6).
Le carottage des glaciers nous apprend que les niveaux de CO_2 et de CH_4 atteignent aujourd'hui des niveaux jamais égalés depuis 420 000 ans ! Il est très probable que les activités humaines sont à l'origine de l'augmentation des concentrations à effets de serre dont l'effet collatéral est la diminution de la couche d'ozone qui nous protège des rayons ultraviolets du soleil. Il est indéniable que les pays les plus riches sont responsables du plus de dommages environnementaux : avec seulement 15 % de la population mondiale, ils produisent 50 % des émissions totales de CO_2.
Le réchauffement de la planète, avec une augmentation des températures de surface de 0,4 à 0,8 °C et une augmentation des niveaux des océans de 1 à 2 mm par an depuis la fin du XIXe siècle, est une donnée scientifique incontestée. Le manteau neigeux a diminué de 10 % environ depuis 1960 sur le globe et le retrait des glaciers est généralisé…
Les dix dernières années du XXe siècle ont été les plus chaudes des 150 dernières années de l'hémisphère Nord. De nombreux experts prédisent une augmentation de 1,5°C et pour les plus pessimistes 6°C, si l'on n'inverse pas la tendance avant 2100 ! La conférence de Kyoto a abouti à la rédaction d'un protocole qui établit des objectifs de réduction des émissions de gaz à effet de serre. L'Union Européenne s'est fixée de diminuer de 8 % ces gaz, mais compte tenu des

politiques actuelles, la diminution ne sera que de 0,5 %... À en croire la plupart des spécialistes, pour freiner très sensiblement le réchauffement de la planète, il serait nécessaire de réduire d'au moins 30 % les émissions de CO_2 de tout le globe, voire de 80 % dans les pays industrialisés ! L'Agence Internationale de l'Énergie (AIE) prévoit de son côté une augmentation de 60% des émissions mondiales dans les 25 prochaines années...
En signant récemment ce protocole, la Russie a permis à celui-ci de rentrer en vigueur en février 2005. Les États-Unis continuent à refuser obstinément de s'associer à cette démarche. De son côté, la France fut le premier État de l'Union Européenne a ratifier ce texte.

Pour en savoir plus :
Eea.eu.int
www.agora21.org
cop5.unfccc.de/convkp/
Liens avec : AIR, DÉVELOPPEMENT DURABLE, POP, VOITURE

LABELS

Sorte de marque collective, les labels attestent en principe qu'un produit présente un ensemble de qualités le distinguant des produits courants similaires. Attention tout de même ! De nombreux consommateurs, en achetant des produits qui portent des logos «écolos» croient acquérir des éco-produits écologiquement exemplaires, alors qu'ils délivrent un message sans réel fondement ou jouent d'une ambiguïté trompeuse. Exemple la mention «papier recyclé» qui ne signifie rien car elle ne dit pas dans quelle proportion le papier en question est recyclé... ou la mention on ne peut plus vague : «protège l'environnement».
Quelques labels à connaître et reconnaître :

- NF environnement, le label écologique français officiel depuis 1991.
- La Certification de Conformité, créée en 1990.
- Le label Rouge ou label agricole, créé en 1960.
- Les appellations d'origine (AO) contrôlée (AOC) symbolisant la qualité de fabrication d'un terroir.
- Le label COPAVI (comité français pour la valorisation de la production fruitière intégrée) est destiné aux produits qui se situent à mi-chemin entre l'agriculture traditionnelle intensive et l'agrobiologie.
- Le label AB est celui de l'agriculture biologique proprement dite. Cette appellation garantit la qualité des aliments issus de l'agriculture biologique. Cette certification répond à des règles fixées par le règlement européen de juin 1994.

- Le label FSC (*Forest stewardship council*), créé en 1993, témoigne d'une gestion forestière écologiquement appropriée, socialement bénéfique et économiquement viable.
- L'ecolabel européen est un label géré au niveau européen par le comité de l'Union Européenne pour le label écologique. En France, l'autorité compétente est l'Agence Française de Normalisation (AFNOR).

Une nouvelle génération d'éco-labels, appelés écoprofils, vient de voir le jour. Le cycle de vie du produit est vérifié par un organisme indépendant. Les données sur les impacts environnementaux peuvent être considérées comme crédibles.

Pour en savoir plus :
www.inao.gouv.fr
www.industrie.gouv.fr/pratique/qualite
www.afnor.fr
www.ademe.fr
www.ocde.org
www.iso.org
www.marque-nf.com:
www.eco-label.com
http://europa.eu.int/ecolabel/
Liens avec : AGRICULTURE BIOLOGIQUE, NORMES, OGM, PAVILLON BLEU, PNR

LITTORAL

Le littoral français, fort de 5 500 kilomètres de façade maritime, est menacé ! Chaque année 50 000 nouvelles constructions sortent de terre sur nos côtes, soit 12 % des logements produits en France sur seulement 4 % du territoire. On assiste de plus en plus à une «artificialisation» du littoral qui se traduit trop souvent par un manque de cohérence urbanistique et une segmentation du littoral engendrant un déséquilibre dans de nombreux écosystèmes. C'est un espace où existe un véritable dynamisme démographique avec une densité d'habitation des communes littorales 2,5 fois plus élevée que celle du reste du pays (272 habitants au km^2 contre 108 h/km^2 en moyenne nationale).

La loi relative à l'aménagement, la protection et la mise en valeur de littoral du 3 janvier 1986, dite loi Littoral, tente de protéger un patrimoine naturel fragile en y régissant les activités économiques et humaines présentes sur le littoral. La loi s'appuie sur quatre grands articles du Code de l'urbanisme : le respect de la bande des 100 mètres (hors milieu urbain), les espaces remarquables sensibles, les espaces proches du rivage, les coupures d'urbanisme entre les localités. Cette loi a répondu à l'attente de l'opinion publique qui ne voulait pas d'un mur de béton sur le littoral. Avec sa promulgation, le législateur a mis un coup de frein aux excès de la promotion immobilière et de la spéculation. Régulièrement menacée de réaménagement, la loi Littoral reste en but aux lobbies de la promotion immobilière et du bâtiment qui tentent d'infléchir les positions des parlementaires, via le Conseil National pour l'Aménagement et le Développement du Territoire, (CNADT), et faire modifier la loi en l'édulcorant, comme cela fut malheureusement le cas pour la loi Montagne. Pour la Délégation à l'Aménagement du Territoire et à l'Action Régionale (DATAR) : «La loi adoptée en 1986 a permis d'éviter les grandes opérations immobilières… mais n'a cependant empêché ni les constructions illégales, ni le grignotage des espaces naturels».

La fréquentation touristique sur les plages du littoral risque de doubler d'ici trente ans ! À sa modeste mesure, l'éco-citoyen ne manquera pas de respecter quelques principes de base :

- **Ne rien jeter dans la mer et ramasser ses ordures sur la plage.**
- **Ne pas stationner sur la plage avec son véhicule.**
- **Ne pas laisser divaguer son chien (excréments pouvant contaminer le sable en provoquant des mycoses).**
- **Respecter les zones de nidification et les sentiers dans les milieux fragiles comme dans les dunes.**
- **Choisir des plages arborant un pavillon bleu, gage de qualité de l'eau de baignade (depuis 1987, la qualité des eaux de baignade est en amélioration constante).**
- **Faire respecter l'obligation d'affichage journalier de la qualité de l'eau dans les mairies concernées.**
- **Exiger que soit respecté le libre passage en bord de mer. Toute clôture ou barrière est illégale (loi du 31 décembre 1976).**

Pour en savoir plus :
www.datar.gouv.fr
www.cidem.org
http://baignade.sante.gouv.fr
www.social.gouv.fr/htm/minister/dd-dr/
www.conservatoire-du-littoral.fr
www.greenpeace.fr
Liens avec : LITTORAL (Conservatoire du), ÉCOSYSTÈME, PAVILLON BLEU, URBANISME

LITTORAL (Conservatoire du)

Cet établissement public de l'État acquiert depuis 1975 des espaces naturels remarquables situés en bord de mer, sur les rives des lacs ou plans d'eau. Le Conservatoire de l'Espace Littoral et des Rivages Lacustres (CELRL) joue un rôle important en sauvegardant le patrimoine naturel. Près de 70 % des espèces maritimes botaniques protégées sont présentes dans les terrains acquis et désormais inaliénables du Conservatoire. Ce sont plus de 530 sites, 70 000 hectares et 850 kilomètres de rivages qui ont été ainsi sauvés non seulement des dégradations naturelles mais aussi, pour plusieurs sites, de la convoitise des promoteurs immobiliers. Le Conservatoire ne gère pas lui-même les terrains de son patrimoine, il passe des conventions partenariales de gestion avec des collectivités locales ou des organismes et associations de protection de la nature qui le souhaitent. Quel que soit le mandataire, c'est le Conservatoire qui garde la compétence dans les choix d'aménagement. Son objectif est de porter son patrimoine foncier à 200 000 hectares pour 2050.
Le Conservatoire engage souvent des campagnes de souscription pour le rachat et la protection de sites exceptionnels.
Nous pouvons toujours envoyer des dons pour soutenir cette juste cause.

Pour en savoir plus :
www.conservatoire-du-littoral.fr
Liens avec : ÉCOSYSTÈME, LITTORAL, RÉSERVES NATURELLES

LOBBYING

Action licite, aujourd'hui professionnelle, visant à infléchir les choix des décideurs dans les domaines de l'économie ou de la politique… D'origine anglo-américaine, le mot lobby désigne le groupe de pression qui tente d'exercer une influence, occulte ou pas, sur un milieu précis. De véritables cabinets de lobbying se sont constitués qui emploient des spécialistes se mettant au service de groupes industriels ou agricoles, quand ce n'est pas au service d'États ou de collectivités territoriales. À Bruxelles et à Strasbourg où siègent les Commissions et le Parlement européen, les lobbystes arpentent régulièrement les allées du pouvoir. Les gros lobbies les plus connus sont ceux du nucléaire, du pétrole, de l'agro-alimentaire, de l'industrie pharmaceutique et du transport routier…
Leur souci actuel est de retarder au maximum les règlements internationaux basés sur l'adoption du principe de précaution. Certains groupes industriels, privés comme publics, sources de risques pour l'environnement et la santé, se

sont attachés des représentants influents dans la grande majorité des organismes appelés à se prononcer sur ces risques, devenant ainsi juges et parties. Sans parler du lobbying direct que constitue le «pantouflage» d'hommes politiques, qui au gré de leurs fortunes politiques diverses, alternent leurs activités, un jour, dans ces conseils d'administrations de groupes industriels, l'autre jour aux «affaires» où ils se retrouvent à traiter les dossiers qu'ils ont parfois eux-mêmes instruits auparavant !

Inutile de préciser que les conseils d'administration de ces institutions, ne comprenent que peu ou pas du tout de représentants d'associations de défense de l'environnement, de consommateurs ou d'usagers. Pour ce qui est des conseils scientifiques, l'opacité règne en maître.

Pour Margot Wallström, commissaire européen à l'Environnement, «Il est grand temps de faire porter la responsabilité là où il faut : sur l'industrie». Le débat sur le projet de réglementation européenne basé sur le programme REACH est un exemple fort éclairant le rôle des lobbies. Ces derniers ont pour mission de contrecarrer l'adoption par l'Union Européenne de mesures réglementant les substances chimiques pour «promouvoir une utilisation sûre de produits chimiques au niveau mondial». parce que, selon la Commission européenne, 99 % des produits chimiques commercialisés à ce jour n'ont pas été l'objet des tests nécessaires.

Le programme REACH est pourtant très conciliant puisqu'il laisserait aux industriels la responsabilité de fournir aux populations les informations sur la toxicité de leurs produits pour obtenir l'autorisation de commercialisation !

C'en est encore trop pour la puissante industrie chimique américaine, relayée par l'administration américaine, qui déploie une intense activité de lobbying au sein de l'Union Européenne.

Le monde associatif est bien faible pour contrer la puissance des lobbies industriels, qui communiquent à grands frais vers des publics ciblés et des leaders opinion qui se trouvent être parfois actionnaires ou propriétaires de médias nationaux...

Pour en savoir plus :

www.lobbing.europe.com

www.greenpeace.fr

Liens avec : CHARTE DE L'ENVIRONNEMENT, NRE, POP, PRÉCAUTION

MÉTHANISATION

Compostage de matières organiques par fermentation anaérobie (absence d'air). Cela conduit, en plus du compost, à la production d'un biogaz essentiellement constitué de méthane. C'est un phénomène naturel qui se produit spontanément dans les décharges qui peut provoquer par auto-allumage des incendies.

La méthanisation est un nouveau procédé de traitement des déchets qui pourra devenir une alternative à l'incinération maîtrisée, une fois sa fiabilité totalement avérée. Ce procédé, peu connu en France, est toutefois largement développé en Europe. Il permet une meilleure valorisation des déchets tout en limitant la proportion des déchets ultimes (non recyclables). La dégradation de la matière organique s'opère dans une usine de méthanisation, dans de grandes cuves étanches appelées «digesteurs» qui permettent de maîtriser le processus et de récupérer le gaz, qu'on utilise comme énergie pour produire de la chaleur ou de l'électricité. Le cycle dure actuellement 7 ans : une année pour le stockage, 5 années de méthanisation et une année de déstockage. La production de biogaz est de 95 m^3 pour une tonne de déchets. L'installation produit en 5 ans, à tonnage égal, au moins autant de biogaz qu'une décharge ordinaire en 25 ans.

__Pour en savoir plus :__
www.ademe.fr
www.observ-er.org
www.industrie.gouv.fr

Liens avec : BIODÉGRADABILITÉ, COMPOST, DÉCHARGES, DÉCHETS MÉNAGERS, ÉNERGIES RENOUVELABLES

MONTAGNE

Les zones de montagne sont des zones d'une grande fragilité. La loi Montagne, adoptée par le Parlement le 9 janvier 1985, répondait à l'objectif impérieux de protéger ces territoires d'altitude. Cette loi visait à garantir l'équilibre entre les aménagements touristiques (essentiellement pour la pratique du ski alpin), l'urbanisation, les activités agricoles et la protection de la nature. Elle favorisait donc le développement économique d'un milieu en voie de désertification tout en préservant un espace naturel particulièrement riche. Les grands principes en étaient l'urbanisation en continuité des villages et des bourgs afin d'éviter le mitage des paysages, la protection des terres nécessaires au maintien des activités agricoles, pastorales et forestières, etc…

Le législateur a voulu donner un coup d'arrêt au modèle de développement

des années soixante-dix, grand destructeur de pâturages, de forêts et autres milieux montagnards. La loi Montagne introduit la notion de «massifs», des espaces territoires qui forment avec la montagne proprement dite et les zones immédiatement contiguës (villes et piémonts) une réelle entité géographique, économique et sociale. Une procédure dérogatoire a été cependant mise en place pour les aménagements lourds et pour l'urbanisation en site vierge : celle des Unités Touristiques Nouvelles (UTN). La volonté des élus de la montagne, regroupés dans l'Association Nationale des Élus de la Montagne (ANEM), de réformer profondément la loi aboutit, peu à peu, à un grignotage de cette dernière par des modifications successives du Code de l'urbanisme. La loi Solidarité et Renouvellement Urbains (SRU) a ouvert aussi une brèche dans le principe d'urbanisation en continuité en montagne en permettant la création, à titre exceptionnel, de zones d'urbanisation de taille et de capacité d'accueil «limitée». La loi Urbanisme et Habitat est revenue sur l'article L 145-3 du Code de l'urbanisme concernant la construction en montagne. En jargon technocratique, on appelle cela «urbaniser en discontinuité». C'est ainsi qu'on contourne allègrement un grand principe de la loi Montagne de 1985 qui évitait le mitage des paysages et la spéculation foncière.
Au Conseil National de la Montagne comme dans les Comités de Massifs, la représentation des associations de protection de l'environnement est minorée.

Pour en savoir plus :
www.fne.asso.fr
www.cidem.org
Liens avec : ÉCOSYSTÈME, NATURA 2000, PNR, RÉSERVES NATURELLES, SRU, URBANISME, ZPS

NATURA 2000

L'Europe, après avoir ratifié la convention sur la diversité biologique au «Sommet de la Terre» de Rio de Janeiro (Brésil) en 1992, a engagé la procédure Natura 2000. Celle-ci doit permettre d'identifier des zones biologiquement intéressantes et de constituer un réseau de sites naturels à protéger ou à restaurer. La constitution de ce réseau et ses objectifs de gestion devraient promouvoir la conservation des habitats naturels de la faune et de la flore sauvages. Les directives européennes «Habitats» et «Oiseaux» ont donné mission à Natura 2000 de contribuer à la mise en œuvre d'un développement durable conciliant les exigences environnementales, économiques, sociales mais aussi culturelles. La France a désigné 1 331 sites protégés

suivant les termes des deux directives européennes, mais, selon la Commission européenne, aurait oublié de nombreux autres sites. Concernant la désignation des sites Natura 2000, en fin d'année 2003, la France n'avait proposé que 6,8 % de sa surface quand la moyenne européenne était, à cette date, de 12,5 % !
Traînant les pieds ces dernières années pour mettre en place la directive Natura 2000, notre pays a fait l'objet de procédures contre lui de la part de l'Union Européenne. En 2001, la Cour de justice a condamné la France au motif qu'elle n'avait pas transmis dans les délais prescrits la liste des sites d'intérêt communautaire destinés à intégrer le réseau écologique Natura 2000 ni même les informations relatives à ces sites…
La peur entretenue par certains lobbies, comme celui de la chasse, d'une «sanctuarisation» des territoires liés à Natura 2000, retarde les procédures et ce d'autant plus que, dès le départ, un déficit d'explication et de concertation avec les acteurs locaux (collectivités rurales, milieux agricoles et sylvicoles, associations…) a raidi les positions et engendré suspicion et hostilité. Malgré son bras de fer avec le gouvernement français, la Commission européenne se doit de faire respecter les engagements de la politique européenne en matière d'environnement.

Pour en savoir plus :
http://natura2000.environnement.gouv.fr
www.fne.asso.fr/actualite/natura2000.htm
www.espace.nature.net
www.ladocumentation-française.fr
http://europa.eu.int/comm/environment/nature/natura.htm
Liens avec : BIODIVERSITÉ, BIOTOPE, EUROPE- LIFE, MONTAGNE, PNR, RÉSERVES NATURELLES, ZPS

NIMBY

«Not In My Back Yard» est une expression anglo-saxonne qu'on peut traduire par «pas dans mon jardin». Ce terme recouvre le phénomène de rejet d'un projet d'équipement ou d'installation de la part de la population concernée. Bien qu'admettant le bien fondé d'un projet, ces voisins refusent catégoriquement toute implantation près de chez eux.
Le NIMEY, *«Not in My Electoral Year»*, «Pas pendant mon année électorale», est une variante du NIMBY appliquée aux élus que terrorise l'idée de prendre position, à l'approche d'une élection, sur un projet qui divise ses électrices et électeurs potentiels.

Pour en savoir plus :
Membres.lycos.fr/cadev/divers/Nimby.htm
Liens avec : CNDP, CONCERTATION, INSTALLATIONS CLASSÉES

NITRATES

Sels oxydés de l'azote, les nitrates (NO_3). sont des produits de la décomposition de la matière organiques sous l'action de micro-organismes ainsi qu'un aliment important pour les végétaux. L'actuelle surproduction de nitrates provient de l'emploi à haute dose d'engrais chimiques, de pesticides et de lisiers (déjections de porcins et de bovins). Accumulés dans les plantes ou entraînés par les eaux de ruissellement, les nitrates polluent notamment les eaux bretonnes comme les régions normande et picarde. On ne compte plus les captages d'eau fermés pour cause de contamination. La Concentration Maximale Admissible (CMA) de nitrates dans l'eau du robinet est de 50 milligrammes par litre. Dans les régions concernées, cette norme est régulièrement dépassée. L'excès de nitrates dans l'alimentation présente un réel danger pour la santé et particulièrement pour la santé du nourrisson. Les causes de cette situation sont connues : l'élevage intensif de porcs (dans des installations souvent non conformes) et l'utilisation des engrais nitratés par les agriculteurs.
De 1985 à 1999, le total des apports de nitrates à la mer provenant des fleuves français à presque doublé, passant de 200 000 à 375 000 tonnes, en totale contradiction avec la convention «Ospar» signée en 1992 par les quinze pays de l'Union Européenne, qui prévoyait une diminution de 50 % de ces apports dans le milieu marin. **Les autorités sont assez laxistes envers certains éleveurs en ce qui concerne leur pratiques douteuses. Seules des associations d'éco-citoyens, comme le «Collectif Cohérence», se mobilisent et mènent des actions en justice pour faire respecter la loi.**
La législation européenne exige un bon état écologique des eaux superficielles et souterraines d'ici 2015. Pour ce faire, les normes anti-pollution actuelles devront être durcies alors que les 3/4 de nos eaux de surface, la moitié de nos eaux profondes ne sont toujours pas conformes. Le gouvernement français ne va pas dans le bon sens en enterrant le projet de taxation des nitrates de l'agriculture intensive et des excédents d'azote polluants sols et rivières. Cette taxe, si elle avait vu le jour, aurait été destinée aux agences de l'eau alors qu'aujourd'hui, la taxe sur l'usage des produits phytosanitaires (pesticides) est affectée au budget général de l'État.

Pour en savoir plus :
www.eaufrance.com

www.inra.fr/presse
www.ifen.fr
www.ospar.org
Liens avec : EAU, PESTICIDES, POLLUEUR-PAYEUR

NORMES

Textes définissant les règles d'usage, les prescriptions techniques et caractérisant un objet manufacturé ou une méthode dans le but d'en garantir la qualité, la reproductivité et la sécurité. La norme ISO est une création de la Fédération mondiale des organismes nationaux de normalisation. Dédiée à l'origine uniquement aux entreprises, elle s'étend aujourd'hui aux collectivités territoriales qui peuvent faire certifier leurs services. La norme ISO 9 000 a introduit une référence de qualité. Nous lui préférons la série des normes ISO 14 000 cadre de référence international qui s'adresse aux entreprises et aux collectivités souhaitant intégrer la qualité de l'environnement à leur gestion. La norme 14 001 est la norme de spécification formalisant le management environnemental. Les sociétés de certification sont de plus en plus attentives à l'utilisation de leur logo, au vu de l'emploi qu'en fait souvent à tort et à travers, certaines entreprises. La norme 14 021 devrait assurer la pertinence et la sincérité des déclarations environnementales des entreprises tout en écartant les déclarations vagues ou imprécises, comme, par exemple, celle qui porte sur la notion de recyclage. La norme ISO 18 000, met en exergue la notion de sécurité et de traçabilité.

Pour en savoir plus :
www.ademe.fr
www.afnor.fr
www.iso.org
www.tracabilité-rfid.com
Lien avec : LABELS

NOUVELLES RÉGULATIONS ÉCONOMIQUES (NRE)

«L'entreprise ne peut progresser vers la qualité totale qu'en intégrant l'écologie comme le social dans sa stratégie». Cette recommandation, en date de janvier 1990, émanait de l'organisation patronale française Entreprise et Progrès. À l'entreprise de «l'excellence» respectant le client et le fournisseur, on y ajoutait

une nouvelle série de valeurs basée sur le respect du produit et de l'environnement. Les grandes entreprises nord-américaines donnaient déjà le ton dans les années quatre-vingt-dix en inventant des chartes ou des codes éthiques. Aujourd'hui plus de 80 % des grands groupes outre-atlantique possèdent un code éthique contre 50 % seulement en Europe. Il faut dire que, désormais, beaucoup de monde s'intéresse aux préoccupations environnementales des entreprises : écologistes, élus locaux, riverains mais aussi, ce qui est plus surprenant, clients, investisseurs, assureurs et même banquiers ! Les enjeux de la protection de l'environnement sont devenus plus ou moins directement des enjeux économiques majeurs et des paramètres incontournables.
La mise en place d'un code éthique pouvait relever de la simple communication environnementale de l'entreprise en passant en revue un catalogue de bonnes résolutions sans informations fiables et codifiées ni indicateurs de gestion précis. D'aucuns ne s'en sont pas privés, confondant allègement éthique et coup de pub ! Le législateur français, avec la loi du 15 mai 2001 relative aux nouvelles régulations économiques (NRE), oblige les entreprises cotées en Bourse à annexer à leur rapport annuel un volet environnemental et sociétal lié à leur activité. Le décret du 20 février 2002 a précisé les informations à fournir en imposant de publier les indicateurs sur la politique sociale de l'entreprise et sur la sécurité sanitaire et environnementale (Indicateurs de la Condition Environnementale). Dans leur rapport annuel 2003, 88 % des sociétés du CAC 40 ont publié un rapport séparé ou consacré de nombreuses pages au développement durable.
Reste à vérifier ces documents. Moins d'un tiers le sont. Les sociétés d'audit ont du mal à standardiser tous les indicateurs étant donné la longueur du spectre d'intervention que requière le concept de développement durable. Certaines grandes entreprises vont jusqu'à solliciter le partenariat d'ONG reconnues comme le WWF ou les Amis de la Terre, pour critiquer leur rapport environnemental. Ce qui n'a pas fini de poser problème aux grosses associations de défense de l'environnement : où commence la caution, où finit le partenariat.

<u>Pour en savoir plus :</u>
www.globalreporting.org
www.entreprises-progres.net
www.wbcsd.ch
www.amisdelaterre.org
www.ww.fr
www.arese-sa.com
Liens avec : ASSOCIATIONS DE PROTECTION DE LA NATURE ET DE DÉFENSE DE L'ENVIRONNEMENT, BOURSE, CNDD, DÉVELOPPEMENT DURABLE, ÉCO-AUDIT

ORGANISME GÉNÉTIQUEMENT MODIFIÉ (OGM)

Les aliments issus de plantes génétiquement modifiées s'installent peu à peu et souvent à notre insu, dans nos assiettes !
Les quelques plantes transgéniques, c'est-à-dire qui ont reçu un gène étranger par des méthodes de génie génétique, couvrent aujourd'hui 67,7 millions d'hectares dans le monde. De 1996 à 2001, les surfaces planétaires dédiées aux OGM ont été multipliées par plus de 30. En 1992, seuls les États-Unis cultivaient des OGM. En 2003 plus de 20 pays semaient des OGM, parmi les plus gros producteurs le Canada, l'Argentine et un nouveau venu la Chine !
Elaborées pour résister aux parasites, à certaines maladies et permettre de réduire de façon significative l'utilisation massive de pesticides, ces OGM sont en augmentation constante sur le continent américain. Ils suscitent en Europe réticences et interrogations quant à leur impact sur la biodiversité mais aussi sur la santé publique, par l'apparition éventuelle de gènes résistant aux antibiotiques. L'Union Européenne ne s'étant pas encore dotée d'un règlement sur les OGM, ce sont donc les États membres qui ont toute liberté pour fixer leurs propres règles en ce domaine. Ainsi, la France a levé son moratoire sur les essais en plein champ. Les OGM entrent de façon insidieuse dans notre alimentation par le biais de la consommation de viande. L'alimentation de nombreux animaux d'élevage comme le porc peut contenir jusqu'à 25 % de soja transgénique utilisé en apport de protéines.
Un autre danger menace, celui du refus de la transparence. La Commission européenne propose ainsi d'autoriser de remonter les seuils de contamination de 0,3 % à 0,7 % d'OGM sans que l'étiquetage des semences soit obligatoire. Le règlement communautaire du 22 septembre 2003 garantit, quant à lui, la traçabilité et l'étiquetage des produits qui sont des OGM ou en contiennent plus de 0,9 %.
Soyons plus que jamais vigilants, surveillons l'étiquetage. Les produits qui contiennent des OGM doivent le mentionner pour informer les clients éventuels. Malheureusement bien des plats tout préparés contiennent des plantes transgéniques dans leurs sauces et gélifiants... sans que le consommateur en soit averti, puisque les plats préparés sont généralement en dessous des 0,9 % d'OGM réglementaires…

Pour en savoir plus :
www.globenet.org/adome/ogms2.html
www.ogm.org
www.ogmdangers.org
www.isaaa.org

www.infogm.org
www.crii-gen.org
www.ogm.gouv.fr
www.amisdelaterre.org/campagnes/ogm/ogm-sites.htm
Liens avec : AGRICULTURE BIOLOGIQUE, BIODIVERSITÉ, ÉCOSYSTÈME, PESTICIDES, PRÉCAUTION, TRACABILITÉ

PARC NATUREL RÉGIONAL (PNR)

L'initiative des parcs naturels régionaux est légalement une compétence des Conseils régionaux, alors que les 7 parcs nationaux sont régis par l'État.
Créés en 1967, les PNR couvrent des espaces ruraux dotés d'un patrimoine naturel et culturel riche mais dont l'équilibre tant environnemental qu'économique est fragile.
Le PNR est doté d'une charte qui est un document contractuel élaboré pour dix ans en accord avec les partenaires concernés : élus de collectivités territoriales, de chambres consulaires, de l'Office National des Forêts (ONF) membres de syndicats forestiers, d'associations de défense de l'environnement, de pêche, de chasse…
Gérés par des syndicats mixtes, les PNR engagent fortement les collectivités locales, notamment parce que leurs documents d'urbanisme doivent être en compatibles avec la charte du parc à l'élaboration de laquelle elles ont participée.
L'attribution d'un label reconnu dans toute l'Europe permet d'identifier un territoire donné. Cette labellisation permet divers projets concrets comme le développement du tourisme vert, les mesures agro-environnementales, le soutien aux activités artisanales et à la promotion des produits locaux.
Ce label peut être ôté si le contrat vient à ne plus être respecté : cette mésaventure est arrivée au PNR du Marais poitevin.
44 PNR ont vu le jour en France, étendus parfois sur 2 ou 3 départements.

Pour en savoir plus :
www.parcs-naturels-regionaux.tm.fr
wwwparcsnationaux-fr.com
Liens avec : CONCERTATION, GOUVERNANCE, LABELS, MONTAGNE, NATURA 2000, RÉSERVES NATURELLES

PAVILLON BLEU

Les stations balnéaires de bord de mer attendent chaque année avec impatience et angoisse l'attribution de ce label qui distingue les communes soignant leur environnement. La qualité des eaux de baignade est devenue un atout touristique extrêmement important et les communes du littoral fournissent de réels efforts pour limiter leurs rejets d'eaux usées, rénover leurs stations d'épuration et leurs réseaux d'assainissement ou encore assurer la propreté de leurs ports de plaisance.

Créé en France en 1985 à l'initiative de la Fédération Européenne pour l'Éducation à l'Environnement (FEEE), le pavillon bleu est un véritable éco-label. S'il est associé à la qualité des eaux de baignade, il s'obtient aussi par la politique de développement durable menée par la ville. La qualité de l'information et de l'éducation à l'environnement auprès des publics aussi divers que les élèves, les touristes et les plaisanciers, mais aussi par la bonne gestion des déchets ou par la qualité du réseau d'assainissement certifiée ISO 14001, jouent un rôle important pour la labellisation.

Les mesures officielles de la qualité des eaux de baignade se réfèrent aux seuils établis par la réglementation européenne. **C'est la Direction Départementale des Affaires Sanitaires et Sociales (DDASS) qui effectue les contrôles qui sont transmis pour diffusion et affichage obligatoire aux mairies concernées. 173 communes, en 2003, ont reçu le label Pavillon bleu.**

À *contrario* les stations touristiques redoutent d'être stigmatisées par le «Pavillon noir» décerné depuis six ans par *Surfrider Foundation Europe*, une association de surfeurs qui a décidé d'épingler les sites d'activité nautique pollués.

Pour en savoir plus :
www.social.gouv.fr/htm/minister/dd-dr/
www.pavillonbleu.org/palmares/50.pht
www.surfrider-europe.org
www.novethic.fr
(Voir aussi : LABELS, LITTORAL, NORMES)

PÉRIMÈTRE DE PROTECTION

Ce périmètre englobe les surfaces des terrains qui sont réservées règlementèrement autour des lieux de captages d'eau utilisés pour l'alimentation en eau potable. Toutes les activités, qu'elles soient agricoles et industrielles ainsi que les constructions, y sont interdites ou réglementées pour éviter tout risque de pollution industrielle.

<u>Pour en savoir plus :</u>
www.eaufrance.com
www.equipement.gouv.fr
Liens avec : EAU, INSTALLATIONS CLASSÉES, SDAGE

PESTICIDES

La toxicité des pesticides ne fait aucun doute : elle est la raison même de leur utilisation ! Nous sommes tous plus ou moins exposés aux pesticides le plus souvent à notre insu. Ces produits utilisés contre les parasites animaux et végétaux des cultures sont en augmentation constante. À cause de sa politique agricole intensive, la France est le deuxième utilisateur mondial de pesticides avec une consommation d'environ 120 000 tonnes par an, soit 2 kg par habitant. Les quantités de pesticides épandues sont très importantes pour que nous occupions la première place mondiale par hectare cultivable. Nos agriculteurs ont utilisé, en 2000, 10 fois plus d'engrais chimiques qu'en 1950. Outre les pratiques des professionnels de l'agriculture, les «jardiniers du dimanche» ont eux aussi trop souvent la main lourde. Une récente étude de l'Institut Nationale de la Recherche Agricole (INRA) met en évidence des niveaux de pollution dans les jardins jusqu'à 10 fois supérieurs aux concentrations mesurées en terrain agricole ! Certains engrais contiennent des métaux lourds toxiques comme le cadmium (Cd).

L'INRA conseille aux agriculteurs d'implanter des colonies de trichogrammes, insectes qui éliminent les autres insectes ravageurs de récoltes. Cette alternative écologique à l'abus de pesticides concerne aussi l'implantation d'OGM.

Les 3/4 des eaux souterraines des régions agricoles d'Europe présentent des concentrations de pesticides supérieures aux maxima admissibles. En France, en 2002, 75 % des points contrôlés en rivières et 57 % des analyses des nappes souterraines présentaient des traces de pesticides. Pour quelle raison obscure notre pays a-t-il attendu 1997 pour introduire dans la réglementation la norme européenne édictée en... 1980, fixant le taux maximal de pesticides dans l'eau potable à 0,1 micro-gramme/litre ?

Pour la gestion des espaces verts des communes, il est souhaitable de traiter les sols, pelouses et gazons en priorité avec des produits phytosanitaires les moins polluants et les moins toxiques, d'observer scrupuleusement les dosages minima. Certaines municipalités ont déjà décidé d'abandonner les traitements chimiques au profit de la lutte biologique pour leurs espaces verts. Ces essais, souvent concluants, permettent aussi de faire des économies. Il serait salutaire que les

firmes agro-alimentaires orientent la recherche et son application éventuelle vers la création de produits à substances répulsives non toxiques...
Quelques petites astuces pour notre jardin : introduire des plantes odorantes (ciboulette, persil, oignons menthe etc... dont les sécrétions des racines éloignent les insectes. De toute façon, n'utilisons jamais des pesticides, si on se trouve près d'un cours d'eau et jamais par temps de pluie ni de vent.

Pour en savoir plus :
www.mdrgf.org
www.uipp.org
www.ifen.fr
www.proanima.asso.fr
www.unece.org/env/
www.inra.fr
http://vosdroits.service-public.fr/particuliers
Liens avec : AGRICULTURE BIOLOGIQUE, OGM, POP

PHOSPHATES

Ce sont les sels oxydés et parfois hydratés du phosphore. Les phosphates sont présents dans beaucoup de détergents ménagers comme les lessives, les shampoings et les engrais. Ils sont avec les nitrates responsables de l'eutrophisation (manque d'oxygène) des milieux aquatiques et favorisent la prolifération des algues, redoutable pour la faune aquatique.
Utilisons des lessives sans phosphates et plutôt une lessive en poudre qu'une lessive liquide. Il est toujours préférable d'utiliser un savon plutôt qu'un gel, des huiles essentielles plutôt que les bains moussants parfumés synthétiquement.

Pour en savoir plus :
www.amisdelaterre.org
www.cipel.org
www.cnrs/fr/dossiers/doseau/decouv/degradation/08_pollution.htm
Lien avec : EAU DOMESTIQUE

PILES (Élimination)

Elles ont envahi notre vie et font désormais partie de notre quotidien. Piles et accumulateurs sont utilisés pour de nombreux appareils : commandes de

télévision, montres, téléphones, ordinateurs portables, lampe de poche... En France 720 millions de piles et 30 millions d'accumulateurs sont vendus chaque année. Plus ou moins polluantes, les piles contiennent souvent des métaux lourds et sont difficilement recyclables.
Les piles alcalines et surtout les piles boutons ont une grande teneur en mercure : une pile bouton recèle 1 gramme de mercure capable de polluer 1 m^3 de terre ou 400 litres d'eau ! Le mercure échappe à tout traitement et ne peut être détruit. Que faire ?
60 % des Français déclarent ne pas trier les piles. Il n'est donc pas étonnant que le taux de récupération soit faible : seulement 12 à 13 % en 2003 ! Un projet de directive européenne exigéra prochainement qu'au moins 50 % des piles et accumulateurs portables mis sur le marché soient collectés séparément pour être recyclés.
Portons les piles usagées aux commerçants (horlogers, photographes, grandes surfaces...), ou aux conteneurs prévus à cet effet dans les déchetteries. Utilisons des piles rechargeables dont le surcoût est vite amorti.

En savoir plus :
www.ademe.fr
www.novethic.fr
*Liens avec : **DÉCHARGES, DÉCHETTERIES***

PLAN DE DEPLACEMENT URBAIN (PDU)

Le Plan de Déplacement Urbain (PDU) est un plan d'action pour remédier à la congestion du trafic automobile des villes et agglomérations de plus de 100 000 habitants et ainsi en réduire la pollution atmosphérique. Le PDU est un dispositif créé en 1982 dans le cadre de la loi sur le transport intérieur et réanimé par la loi sur l'air du 30 décembre 1996 articulée avec celle du 13 décembre 2000 relative à la Solidarité et au Renouvellement Urbains (SRU). Son objectif est de faire baisser l'usage de la voiture ou au moins d'en contenir le trafic par des choix urbanistiques et de circulation plus avisés. Les PDU doivent favoriser l'extention du réseau cyclable ce qui reste une préoccupation mineure pour un trop grand nombre de rédacteurs de ces documents. Les agglomérations concernées ont l'obligation d'élaborer leur PDU avant le 2 juillet 2006.

Pour en savoir plus :
www.mobasto.org
www.certu.fr/publications

www.fne.asso.fr
www.af3v.org
www.fubicy.org
www.gart.org/tele/avancement.pdu.2004.pdf
Liens avec : AIR, PLU, PPA, SCOT, SRU, VÉLO, VILLE DURABLE, VOITURE

PLAN DE PRÉVENTION DE L'ATMOSPHÈRE (PPA)

Élaboré par le préfet dans les agglomérations de plus de 250 000 habitants, le plan de prévention de l'atmosphère fixe des objectifs de réduction des polluants. Ce plan doit être en compatibilité avec les PDU. Pour favoriser leur élaboration, le préfet est assisté d'une commission multipartite associant notamment les services de l'État, les collectivités locales, des industriels, des associations de protection et de défense de l'environnement et des associations de consommateurs et d'usagers des transports. Le projet de plan est ensuite soumis à enquête publique.
Par décret du 26 février 2004, des plans régionaux pour la qualité de l'air ont vu le jour sous l'autorité des présidents des Conseils régionaux. Tous les 5 ans, une évaluation est faite et peut faire l'objet, selon les résultats, d'une révision.

Pour en savoir plus :
www.afsse.fr
www.ccr.jussieu.fr/santedoc/bibl_pollut.htm
www.cstb.fr
http:/prevair.ineris.fr
www.effet-de-serre.gouv.fr
Liens avec : AIR, CONCERTATION, ENQUÊTE PUBLIQUE, PDU, POP

PLAN DE PRÉVENTION DES RISQUES (PPR)

Les plans de prévention des risques naturels sont élaborés par l'État. Ces documents imposent les interdictions réglementaires et modifient ainsi le développement urbain afin de le mettre en cohérence avec les Schémas de COhérence Territoriales (SCOT) par le biais des contrats de plan et les contrats d'agglomération… Une des priorités de l'État est aujourd'hui d'accélérer la réalisation de ces plans qui nécessitent entre deux et quatre ans pour leur élaboration. L'objectif est de 5 000 PPR en 2005. Le problème est que les PPR existants sont souvent inappliqués ou que partiellement repris par les Plans Locaux d'Urbanisme (PLU). Contrairement aux risques technologiques, il n'y a pas de dispositif général permettant d'imposer aux acteurs publics ou privés des contraintes d'intervention. Des Plans de Prévention des Risques d'Inondations (PPRI), des Plans de Défense de la Forêt contre les Incendies (PDFI) et des Plans de Prévention des Risques Technologiques (PPRT) sont également en vigueur. La prévention des tremblements de terre, de son côté, réside dans la mise en œuvre de techniques de construction antisismiques dans les zones à risques.

Pour en savoir plus :
www.environnent.gouv.fr/telch/2001-t4/2001-risquesnaturels-textesdebase.pdf
www.prim.net
www.sisfrance.net/sommaire.asp
Liens avec : ENQUÊTE PUBLIQUE, HABITATION, INCENDIES, INONDATIONS, PLU, PRÉCAUTION, SCOT, URBANISME

PLAN LOCAL D'URBANISME (PLU)

Avec la loi de Solidarité et Renouvellement Urbains (SRU) du 13 décembre 2000, le PLU va se substituer au Plan d'Occupation des Sols (POS). C'est un document majeur qui doit permettre à la commune de maîtriser son espace en exposant un projet urbain concret. Le PLU est soumis à enquête publique et au contrôle de légalité de la préfecture. Révisable par la commune, il doit permettre de mieux faire connaître aux citoyens l'ensemble de la politique communale en matière d'urbanisme et donc d'inscrire la maîtrise du développement urbain dans un projet plus global. La loi d'Orientation sur l'Aménagement et le Développement Durable du Territoire (LOADDT) du 26 juin 1999 incite les communautés d'agglomération, de communes, les «pays» à élaborer des projets de développement faisant référence au programme Agenda 21 de la Conférence de Rio de Janeiro (Brésil) en 1992. Les Projets d'Aménagement et de Développement Durable (PADD) qui découlent de cette loi d'orientation définissent les orientations d'urbanisme en précisant les prescriptions concernant plus spécifiquement des espaces des quartiers, des actions publiques. Le PLU doit assurer la protection des paysages, la sauvegarde du patrimoine architectural. Il doit dégager une attention toute particulière en ce qui concerne les zones reconues comme instables ou sensibles propices aux inondations, incendies ou tremblements de terre... Un permis de construire doit impérativement être conforme aux prescriptions du PLU.

Pour en savoir plus :
www.equipement.gouv.fr
www.datar.gouv.fr
Liens avec : AGENDA 21, ENQUÊTE PUBLIQUE, PDU, PPR, SCOT, SRU, URBANISME, ZPPAUP

PLASTIQUES

Léger, économique, hygiénique, le plastique a sans conteste révolutionné notre vie quotidienne. Matière synthétique, le plastique n'a qu'un défaut : il est difficilement biodégradable (un sachet en plastique mettra entre 200 et 400 ans pour se décomposer) et recyclable sous certaines conditions. Le polystyrène téréphtalate (bouteilles d'eau) ou à haute densité (conditionnement opaque) sont des plastiques recyclables. Plus les plastiques seront triés et recyclés et moins on en brûlera. Incinérés, les plastiques dégagent des gaz toxiques comme le chlore (Cl_2).
Comme nos voisins d'Outre-Manche, nous continuons à privilégier le plastique comme conditionnement au détriment du papier et du carton, qui sont, pour leur part, plébiscités par les Espagnols, les Allemands et dans tous les pays nordiques.
Anticipant, peut-être, une possible interdiction de sacs plastiques (comme aux États-Unis) quelques enseignes de la grande distribution, font de la réduction des sacs plastiques un argument marketing d'auto-promotion. Réjouissons-nous si l'intéret commercial coïncide avec l'intérêt général !
Lors de notre marché, les paniers ou cabas peuvent remplacer avantageusement les sacs plastiques toujours peu solides.
N'abandonnons surtout pas dans la nature les plastiques qui, emportés par le vent, dégradent nos paysages.

Pour en savoir plus :
www.ademe.fr
Liens avec : ADEME, BIODÉGRADABILITÉ, COLLECTE SÉLECTIVE, DÉCHARGES, DÉCHETS MÉNAGERS, ÉCOCONCEPTION, INCINÉRATION, POP, RÉDUCTION À LA SOURCE

POLLUEUR-PAYEUR (Principe du)

Le principe du pollueur-payeur est désormais admis par bon nombre de citoyens qui considèrent qu'un pollueur doit payer les conséquences de ses actes. Si le principe est juste lorsqu'il s'agit de faire payer la réparation d'un acte de pollution, il ne doit pas pour autant se substituer au principe de précaution.
En effet, le principe du pollueur-payeur pourrait laisser croire qu'il suffit d'avoir les moyens financiers de payer pour se croire dispenser de toutes préoccupations environnementales. La création de la Taxe Générale sur les Activités Polluantes (TGAP), issue de la loi de Finances du 30 décembre 1998, devait, selon ses auteurs, jeter les jalons d'une éco-taxe, sur le principe du pollueur-payeur et intégrer la taxation de l'énergie.
Il aurait été juste, si ce n'est vertueux, que les prélèvements de la TGAP soient affectés au financement d'actions en vue de la protection de l'environnement. Or, paradoxalement, dans la mesure où son produit est reversé au seul budget général de l'État, on est en droit de conclure que la création de la TGAP remet en cause la philosophie même du concept du pollueur-payeur, puisque son dédommagement n'est plus affecté aux subventions de protection de l'environnement.

Pour en savoir plus :
www.ecologie.gouv.fr
http//www.inpi.fr
www.ipen.org
Lien avec : PRÉCAUTION

POLLUANTS ORGANIQUES PERSISTANTS (POP)

Les Polluants Organiques Persistants (POP) sont au nombre de 16 et figurent parmi les substances les plus dangereuses. On y retrouve 8 pesticides, des biocides, ainsi que l'ensemble des polychlorobiphényles (PCB). 75 dioxines font partie de cette famille dont la plus toxique est la fameuse dioxine dite de *«Seveso»*, la 2,3,7,8-tétrachlorodibenzopara-dioxine (TCDD), hautement cancérigène, libérée lors d'un accident majeur dans une usine de retraitement chimique à Séveso (Italie) en 1976. Ces substances, rejetées par les incinérateurs, les industries de la métallurgie lourde et charbonnières, ainsi que les véhicules automobiles, se retrouvent jusque dans l'Arctique...

S'adossant au principe de précaution, le texte final de la convention de Stockholm, en mai 2001, prône l'interdiction ou la limitation de la production des POP.

Pour en savoir plus :
www.unece.org/env/
http:/prevair.ineris.fr
Liens avec : INCINÉRATION, INSTALLATIONS CLASSÉES, KYOTO, PESTICIDES

PRÉCAUTION (Principe de)

Le principe de précaution est celui de l'incertitude. L'inaction n'est pas son corollaire, bien au contraire. Le principe de précaution s'appuie sur le principe de responsabilité et sur sur la participation de tous les acteurs de la société civile au processus de décision. L'absence de certitudes, compte tenu des connaissances scientifiques et techniques, doit être appréciée au vu des risques de dommages graves, souvent irréversibles, à l'environnement ou à la santé publique. Il est difficile de gérer la complexité et l'incertitude et, en même temps, prendre, au nom du progrès, des décisions dont personne ne sait si elles vont réellement dans le bons sens. Le principe de précaution privilégie une approche plutôt préventive que réparatrice.
La référence explicite à ce principe dans la récente Charte de l'Environnement, incluse dans la Constitution, à fait débat, alors qu'elle figurait déjà dans la loi Barnier de 1995 (Article L.110-1 du Code de l'Environnement) et au niveau européen dans le Traité de Rome révisé (Article 174-2). Cette redite juridique peut être considérée comme une victoire des défenseurs de l'environnement face aux lobbies industriels qui ont bataillé jusqu'au bout pour ajourner son inscription dans la Constitution.
Aujourd'hui l'opinion publique exige de savoir et commence à revendiquer l'application du principe de précaution qui apparaît de plus en plus comme l'expression simple et symbolique d'un contre-pouvoir naissant. Dans le champ économique, quelques entreprises ont déjà intégré dans leur logique industrielle, le concept de précaution. Certaines d'entre-elles signent des chartes éthiques qui les engagent et affichent leur sens de la responsabilité à travers des codes de déontologie. Ceci étant, passer d'une volonté affichée à une réalité contrôlée reste à l'ordre du jour.

Pour en savoir plus :
www.eea.eu.

www.ifen.fr/precaution/index.htm
Liens avec : CHARTE DE L'ENVIRONNEMENT, CODE DE L'ENVIRONNEMENT, LOBBING, NRE

PUBLICITÉ

La publicité envahit tout : nos paysages, nos villes, nos boites à lettres, nos médias et aussi nos têtes ! La pub n'est pas le vecteur de message qui informe, dans l'intérêt du public, comme on essaie de nous le faire croire. Le monde de la communication reste celui de la séduction. Le discours publicitaire est toujours à sens unique en imposant unilatéralement son message. L'agression publicitaire se manifeste sous des formes visuelles avec ces centaines de milliers de panneaux qui défigurent les paysages ou les entrées de villes, souvent en infraction avec la loi. Elle se manifeste aussi par ces dizaines de prospectus journaliers qui engorgent nos boîtes à lettres.
La publicité réduit l'exercice de la citoyenneté à une simple action de consommation. Indissociablement liée au mode de vie consumériste, la pub, en paraphrasant Oscar Wilde, nous apprend le prix de tout et la valeur de rien. Pour le publiciste, l'acte électoral à un acte de consommation comme les autres. La pub en appelle aux consommateurs, pas aux citoyens.
Les pouvoirs publics font des lois pour tenter de réglementer l'envahissement publicitaire et protéger la société de ses abus. Ces lois ne sont guère sévères pour les publicitaires qui les enfreignent. Des associations se sont constituées pour que les lois soient respectées. Il est anormal qu'une association agrée d'utilité publique comme Paysages de France soit obligée d'attaquer l'État pour faire respecter et faire appliquer, par ce même État, les lois de la République ! Il y a des lois pour se protéger de l'invasion de la pub à la télévision et pour l'interdire dans l'espace scolaire. Ces lois sont en danger. Le puissant lobby des annonceurs parlent de «liberté d'expression commerciale» en l'assimilant à la liberté d'expression et tente par des opération de partenariat avec les établissements scolaires de s'introduire à l'École où résident 12 millions de consommateurs potentiels !
S'extraire de l'idéologie consumériste n'est certes pas chose facile dans le monde dans lequel nous vivons. Un des tous premiers actes de résistance passe par refuser tous les prospectus. C'est un choix de liberté individuelle.
Collons sur nos boîtes à lettres l'autocollant «Stop pub». Chaque foyer rejette environ 40 kg de prospectus dans sa poubelle chaque année. Si seulement 5 % d'entre nous apposent cet autocollant, c'est 40 000 tonnes de papier qui pourront être économisées.

Pour en savoir plus :
www.afirpourlenvironnement.org
www.univers-nature.com
http://paysagesdefrance.free.fr
www.antipub.net
www.adbusters.org
Liens avec : AFFICHAGE, CONSOMMATION, ÉCO-CITOYENNETÉ, ZPR

RADON

C'est un gaz rare radioactif qui provient de la désintégration de l'uranium de la croûte terrestre et contribue ainsi au maintien du niveau de la radioactivité naturelle. Le radon pénètre dans les maisons par les fissures ou passages de canalisations et tend à se concentrer dans les endroits confinés et faiblement ventilés, à l'instar des caves et autres celliers. Dans les régions où sont utilisés les matériaux riches en radium (roches granitiques), l'on observe de fortes concentrations de ce gaz à l'intérieur des maisons. Depuis 1987, son caractère cancérigène n'est établi que pour des expositions professionnelles prolongées à très forte concentration comme dans les mines d'uranium.
L'amélioration de l'étanchéité du sol par la pose de dalles de béton, l'installation d'une ventilation, voire la mise en dépression du vide sanitaire, suffisent à diminuer notablement les concentrations.

Pour en savoir plus :
www.irsn.org
Lien avec : HABITATION

RÉDUCTION À LA SOURCE

«Less is more» (moins c'est plus). La célèbre formule de l'architecte allemand Van der Rohe sous-tend de faire plus avec le moins. Cette conception induit une meilleure utilisation de la matière pour un produit en utilisant le «juste nécessaire». La réduction à la source est donc le processus visant à réduire le poids, le volume et la toxicité d'un produit sans compromettre ses qualités techniques et son acceptabilité auprès des consommateurs. La réduction à la source permet de réduire l'impact des produits sur l'environnement.

Un exemple : de 1994 à 2000, la consommation d'eau en bouteille de 1,5 l a progressé de 16 %. Sur la même période le tonnage global de plastique correspondant a diminué de 7 %, c'est à dire 130 000 tonnes de plastiques économisées en 6 ans soit l'équivalent de 3 milliards de bouteilles ! En passant de 45,5 grammes, qui était le poids moyen de la bouteille de 1,5 l en 1994, à 33 grammes en 2005, le poids moyen de cette bouteille aura chuté de 27 %. C'est au global 40 000 tonnes qui seront ainsi économisées durant l'année 2005.

<u>Pour en savoir plus :</u>
www.conseil-emballage.org
Liens avec : COLLECTE SÉLECTIVE, CONSOMMATION, ÉCO-EMBALLAGES, ÉCOCONCEPTION

RÉFÉRENDUM D'INITIATIVE POPULAIRE

L'usage du référendum est en France inscrit dans la Constitution. Pour autant, cette consultation au suffrage universel, portant sur une question abordant un sujet d'importance, est assez exeptionnelle car peu prisée par nos gouvernants toutes couleurs politiques confondues. Que dire alors de son champ d'extension ? Les deux Assemblées (Chambre des députés et Sénat) ne font pas mystère de leur opposition au développement d'un référendum d'initiative populaire. Les lois de décentralisation auraient pu promouvoir ce genre de consultation démocratique au niveau local (comme cela est le cas en Italie ou en Suisse), susceptible d'engager de véritables débats de société à la demande expresse d'un nombre établi de citoyens. Dans notre pays, rien de tel.
À titre consultatif de rares référendums d'initiative populaire sont organisés, ici ou là, par des municipalités, rapidement et énergiquement jugés illégaux par les pouvoirs publics.
Comme pour la récente prise en compte des droits de l'environnement, la Constitution française s'enrichirait en étendant les droits démocratiques des citoyens, en élargissant l'usage référendaire et le champ du débat public.

<u>Pour en savoir plus :</u>
www.senat.fr/lc/lc110/lc110.htm
www.mic-fr.org/voisins.htm
Liens avec : CNDP, CONCERTATION, GOUVERNANCE

RÉSERVES NATURELLES

Ce sont des zones qui sont destinées a être protégées. Ces réserves permettent d'assurer la protection de la faune, la flore, et en général du milieu naturel qui présente une importance particulière ou qu'il convient de soustraire à toute intervention artificielle susceptible de le dégrader. Toute activité humaine y est évitée à l'exception des visites éducatives et culturelles. 150 réserves naturelles ainsi créées sont annuellement visitées par près de 4,5 millions de personnes. L'État confie la gestion de ses réserves à des associations qu'il subventionne. Le réseau des réserves naturelles est animé par l'association Réserves Naturelles de France (RNF). Comme pour la mise en place d'un PNR ou la délimitation d'une zone Natura 2000, la création de chaque nouvelle réserve naturelle soulève les mêmes habituelles réticences de la part d'un certain nombre d'élus comme de fédérations de chasse...
Il existe aussi des réserves naturelles «volontaires» où le ou les propriétaires sollicitent auprès du préfet un agrément en réserve naturelle. Il y en a 155 à ce jour, mais leur superficie totale est moindre que les autres réserves.

Pour en savoir plus :
www.reserves-naturelles.org
Liens avec : BIOTOPE, ÉCOLE & NATURE, ÉCOSYSTÈME, MONTAGNE, NATURA 2000, PNR, ZNIEFF

REVERSIBILITÉ (Principe de)

C'est un principe qui apparaît comme le complément naturel du principe de précaution. Celui d'intégrer dans la mise en place de politiques industrielles ou autres la possibilité de pouvoir revenir en arrière. Celui de ne pas rendre irréversible les choix des investissements et des réalisations.
Le principe de réversibilité transposé au stockage des déchets radioactifs, issus du nucléaire civil, est significatif. Après avoir longtemps envisagé l'enfouissement en grande profondeur comme la seule solution possible, on revient, en France comme un peu partout dans le monde, à un stockage réversible souterrain dans des grands bassins en attendant, un jour, de pouvoir retraiter ces déchets hautement dangereux. C'est aussi dans le domaine du transport que le principe de réversibilité devrait s'appliquer. En effet, avant d'engager des travaux lourds, onéreux pour la collectivité, le plus souvent facteurs de dégradation irréversible du paysage, il serait judicieux d'intégrer dans une réflexion préliminaire la possibilité de revenir en arrière comme celle de prévoir les moyens d'y parvenir.

Pour en savoir plus :
www.fidal.fr/Fichiers_articles
Liens avec : DÉVELOPPEMENT DURABLE, PRÉCAUTION

RIVIÈRE (Contrat de)

La rivière est un milieu fragile comme tous les milieux aquatiques. Sa protection devient un véritable enjeu car les polluants (nitrates, phosphates, pesticides hydrocarbures et autres métaux lourds) sont de plus en plus présents dans les cours d'eau et cela malgré l'oxygénation et l'auto-épuration résultant des eaux vives. La quasi disparition des écrevisses de nos rivières signe, hélas, l'état de dégradation du milieu aquatique français. Afin d'y faire face, une politique contractuelle a été mise en place sous la forme de convention passée entre différentes collectivités sur un ou plusieurs objectifs : amélioration de l'assainissement, luttes contre les inondations, protection de la ripisylve (petite forêt en bordure des berges…) sur une période donnée. Le contrat de rivière permet de mettre en place des projets et des programmes d'actions locaux de gestion intégrée de l'eau. À ce jour, environ 150 de ces contrats ont été conclus à l'échelle locale entre les différents acteurs (État, collectivités, élus, agences de l'eau, comité de bassin, usagers, associations). Les études paysagères ainsi que le recensement des milieux aquatiques sont aujourd'hui des préalables incontournables à tout financement de nouveaux contrats.

Pour en savoir plus :
www.rivernet.org/welcomef.htm
www.cemagref.fr
Liens avec : BIOTOPE, ÉCOSYSTÈME, PESTICIDES, PHOSPHATES, SDAGE

SATURNISME

Le saturnisme est une intoxication respiratoire ou digestive, aiguë ou chronique provoquée par le plomb. Ce fut la première maladie professionnelle indemnisée en France. Aujourd'hui cette maladie, fort heureusement assez rare, touche les jeunes enfants habitant des logements anciens et dégradés où l'eau stagne dans les vieilles canalisations en plomb.

Les peintures au plomb peuvent, elles aussi, induire des risques de saturnisme Interdites de fabrication depuis 1917 et à la vente depuis 1948, on peut trouver de nombreuses traces de ces peintures, lors de réhabilitation de vieilles maisons ou d'appartements. Leur décapage doit se faire en limitant au maximum l'émission de poussières.

Pour en savoir plus :
www.mon-immeuble.com/dossiersaturnisme.htm
www.univers-nature.com/dossiers/plomb/
Lien avec : HABITATION

SCHÉMA DE COHÉRENCE TERRITORIALE (SCOT)

Les SCOT remplacent les Schémas Directeurs d'Aménagement Urbains (SDAU). Fruits de la loi de Solidarité et de Renouveau Urbains (SRU), les SCOT repensent globalement l'organisation de l'espace en fédérant les politiques publiques en matière d'environnement, d'habitat, de développement économique, de transport… Ce vaste chantier s'étale sur dix ans. Un SCOT aujourd'hui doit aussi veiller à la protection des paysages et la sauvegarde du patrimoine architectural. Il est chargé de la cohérence d'ensemble de la politique intercommunale des communautés de communes et d'agglomération.

Pour en savoir plus :
www.equipement.gouv.fr
Liens avec : PDU, PLU, PPR, SRU, ZPPAUP

SCHÉMA DÉPARTEMENTAL D'AMÉNAGEMENT ET DE GESTION DES EAUX (SDAGE)

Les Schémas Départementaux d'Aménagement et de Gestion des Eaux (SDAGE), institués par la loi sur l'eau du 3 janvier 1992, sont des outils de planification de la politique de l'eau sur 10 ou 20 ans. Les SDAGE définissent les orientations à prendre dans les 6 grands bassins hydrographiques français. Associant tous les acteurs du bassin, ils voient leurs pouvoirs grandir depuis le toilettage de la loi. Les futurs SDAGE seront présentés aux populations et discutés un an avant leur adoption. Ce débat public devrait mettre à mal la culture de l'opacité. Tous les 6 ans, les comités de bassins doivent publiquement présenter les résultats de leurs travaux.

Le Schéma d'Aménagement et de Gestion des Eaux (SAGE) est, quant à lui, un document de planification qui définit des objectifs de gestion concertés localement par petits bassins hydrographiques. Le SAGE fixe les objectifs généraux d'usage, de mise en valeur et de protection tant quantitatives que qualitatives des ressources en eaux superficielles et souterraines, sans oublier les écosystèmes aquatiques et les zones humides. Plus de 30 % des zones humides d'importance sont concernés par le SAGE. Avec la décentralisation des domaines fluviaux, la mise en place d'un SAGE dépend de la volonté politique des élus concernés qui doivent déjouer les pièges de gestion au niveau local et ne pas confondre l'intérêt général avec des intérêts politiques sectoriels momentanés.

<u>Pour en savoir plus :</u>
www.eaufrance.com
www.sitesage.org
(Liens avec : BASSIN VERSANT, CONCERTATION, EAU, PÉRIMÈTRE DE PROTECTION, RIVIÈRE

SCHÉMA DÉPARTEMENTAL D'ASSAINISSEMENT (SDA)

La mise en place d'un SDA suppose qu'en matière d'assainissement les élus de la communauté de communes ou d'agglomération aient une vision d'ensemble cohérente et à long terme. Car ce document n'aborde pas seulement la problématique des eaux pluviales mais intègre les perspectives de développement des collectivités à un horizon de 15 ans. Si la mise en place d'un SDA n'est pas obligatoire, elle est vivement conseillée. Le zonage du territoire qu'elle implique (rendu obligatoire par la loi sur l'eau article 35-III) entre zones dévolues à l'assainissement collectif et zones prévues pour l'assainissement autonome est d'évidence un atout à moyen et long terme. Élaboré après une étude géologique des sols, le SDA constitue pour les élus une garantie quant à leurs choix ultérieurs en matière d'urbanisme ainsi qu'une réelle aide à la décision.

<u>Pour en savoir plus :</u>
www.équipement.gouv.fr
Liens avec : EAU, EAU DOMESTIQUE, EAUX PLUVIALES, STATION D'ÉPURATION, ZONAGE

SITE INSCRIT OU CLASSÉ

Pour être inscript ou classé un site doit présenter un intérêt historique, architectural, scientifique ou autre, motivant sa conservation. Un site inscrit figure sur l'inventaire départemental des sites. La Commission Départementale des Sites Perspectives et Paysages (CDSPP), composée en majorité d'élus mais aussi de représentants d'associations de protection et de défense de l'environnement, est consultée par le préfet pour toute demande d'autorisation de construire ou de modification de l'aspect des lieux dans un site inscrit. L'Architecte des Bâtiments de France (ABF) doit ensuite approuver la conformité du projet. En dernière instance, le ministère concerné (Écologie ou Culture) peut se saisir du dossier.

Un site classé (après enquête publique et décret en Conseil d'État) doit être maintenu en l'état et ne subir aucune modification sans autorisation ministérielle.

Depuis 1930 la France a classé environ 2 600 sites naturels répondant aux critères de la loi : paysage de caractère artistique, historique, scientifique, légendaire ou pittoresque. Cette protection ne concerne ni les espèces ni les écosystèmes qui bébéficient d'autres outils juridiques de protection.

Pour en savoir plus :
www.espaces-nature.net
www.associations-patrimoine.org
Liens avec : ENQUÊTE PUBLIQUE, ZPPAUP

SOLIDARITÉ & RENOUVELLEMENT URBAINS (SRU)

La loi SRU du 13 juillet 2000 réforme en profondeur les documents d'urbanisme. Cette loi précise que les documents d'urbanisme doivent désormais rechercher l'équilibre entre les activités économiques et la protection de l'environnement. Il s'agit de respecter les objectifs du développement durable, entre un renouvellement et un développement urbains maîtrisés d'une part, la préservation des espaces naturels ou agricoles et la protection de l'environnement d'autre part. Cette loi incite à une utilisation économe et harmonieuse des espaces tout en prenant en compte les nuisances et les risques naturels et technologiques.

La loi SRU induit un Projet d'Aménagement et de Développement Durable (PADD), un document qui précise les objectifs de la commune pour les années à venir. Le PADD définit ainsi la politique globale pour la municipalité

à laquelle l'ensemble des actions futures devront s'inscrire. Le PADD doit aussi s'articuler avec les divers documents de la loi SRU, les SCOT et les PLU.
On ne peut que regretter que la loi SRU ne privilège plus l'intercommunalité comme le préconisaient les lois de 1999 (lois Voynet et Chevènement). Le PLU devant être compatible avec le SCOT, il est étonnant que le législateur n'ait pas prévu l'articulation obligatoire des divers PLU de communes appartenant à la même communauté. Ce déficit de pertinence spatiale, alors que les procédures administratives sont forcément imbriquées, ne peut que générer des difficultés, voire des erreurs ou des contradictions. Sans parler de l'alourdissement de procédures déjà compliquées.
Il est pourtant évident que l'intercommunalité représente, pour une politique de développement durable, l'échelon pertinent d'intervention sur un territoire cohérent. Décider une démarche de développement durable est une façon efficace de dépasser par le haut la complexité administrative puisque, dans ce cas de figure, les PLU des communes d'une communauté doivent s'établir en tenant compte les uns des autres. Cette démarche permettrait une synergie d'intérêt général pour dépasser les inévitables divergences d'intérêts locaux.

Pour en savoir plus :
www.equipement.gouv.fr
Liens avec : PLU, SCOT, URBANISME

STATION D'ÉPURATION

La station d'épuration est l'équipement qui assure l'assainissement des eaux usées par traitement mécanique (filtrage) et chimique. Les eaux usées sont celles des particuliers ainsi que les eaux pluviales (pour les réseaux non-séparatifs). Dans les stations d'épuration de nouvelle génération, encore trop rares, les réseaux sont soumis à leur sortie à un traitement, par rayons ultraviolets. La station doit rejetter dans le milieu naturel une eau épurée en conformité aux valeurs limites définies par les règlements. Elle génère aussi des boues transportées par les eaux usées, qu'on peut utiliser comme compost agricole ou incinérer. Outre un auto-contrôle régulier du gestionnaire de la STation d'ÉPuration des Eaux Usées (STEP), la plupart du temps, à la demande le l'agence de l'eau, un cabinet indépendant réalise, chaque année, des séries d'analyses. Les résultats de ces analyses sont obligatoirement transmis à la commune et à la communauté de communes ou d'agglomération.
Le lagunage est un autre procédé d'épuration des eaux usées, par voie biologique.

Les eaux sont stockées dans des lagunes, vastes bassins de faible profondeur, où les phénomènes d'auto-épuration s'exercent. Ces lagunes sont nettoyées et récurées tous les 10 ans. Le lagunage est un procédé écologique qui demande une grande superficie de terrain et convient à des petites ou moyennes communes qui n'ont pas à traiter un trop grand nombre de m^3.
L'épuration des eaux usées peut aussi se faire chez soi, quand l'habitat est dispersé. L'assainissement individuel est assuré par une fosse sceptique jointe ou non à un champ d'épandage.

Pour en savoir plus :
www.gch.laval.ca
www.ciger.be
www.ecoconso.be
Liens avec : EAU, EAU DOMESTIQUE, EAUX PLUVIALES, SDA

SUBSTITUTION (Principe de)

Ce principe est comme le principe de réversibilité, complémentaire du principe de précaution. Il s'agit du remplacement de substances dangereuses par d'autres substances de dangerosité inférieure ou mieux sans caractère dangereux, quand c'est possible. Lorsqu'il s'avère qu'un produit (qui peut être de consommation courante) contient des polluants chimiques éventuellement dangereux pour la santé publique et l'environnement, deux attitudes sont possibles. La première consiste à approfondir les recherches sur son niveau de dangerosité, ce que font le plus souvent leur concepteur et l'industrie en général. La seconde attitude est de le retirer des ventes en favorisant son remplacement par un produit non toxique : cette attitude est guidée par le principe de substitution.

Pour en savoir plus :
www.greenpeace.org
Liens avec : CONSOMMATION, LOBBING, PRÉCAUTION

TAGS

Fléau des façades des immeubles privés et publics, les tags sont devenus un des signes le plus visible de la dégradation de notre cadre de vie. Le tag ne s'arrête pas à la simple empreinte comme le graffiti. Il évolue souvent en fresque murale. Le jeune tagger qui «signe» son passage nocturne a l'impression de «marquer son territoire». Cette pratique picturale a depuis quelques années enlaidi sensiblement les villes. Le nettoyage (à répéter souvent) coûte cher aux communes et encore plus aux particuliers. Mais la constance dans le nettoyage reste l'arme de dissuasion la plus efficace face à ces «artistes muraux» que sont les taggers. Les panneaux dits d'expression libre, apposés dans quelques villes pour concentrer en des endroits précis leur production picturale, n'ont pas eu le succès escompté. Aujourd'hui certains taggers s'en prennent aussi aux enseignes publicitaires en brouillant et détournant leur message. Le nouveau tagger serait-il en train de politiser ses «pollutions nocturnes» ?

Pour en savoir plus :

www.magic.be/interieurNuit

Liens avec : ÉCOLOGIE URBAINE, PUBLICITÉ, VILLE DURABLE

TRAMWAY

«Chemin de fer urbain établi au moyen de rails posés, sans saillie, sur le profil de la rue ; voiture qui circule sur ces rails (Le Petit Larousse)», le tramway est de retour. Après avoir été le moyen de transport le plus prisé au début du XXe siècle dans de nombreuses villes, le voici qui redevient le moyen le plus adapté au trafic des agglomérations urbaines de plus en plus denses.

Parce qu'il est silencieux, non polluant (fonctionnant à l'électricité), rapide (voie séparée) peu encombrant, le tramway est tout désigné pour remplacer progressivement l'autobus, gros pourvoyeur de polluants atmosphériques. À ce jour, 220 km de lignes de tramway sillonnent de grandes villes françaises comme Bordeaux, Lyon, Strasbourg, Nantes ou Montpellier... Plus de 30 projets sont en préparation dans l'hexagone, dont celui de Paris.

Pour en savoir plus :

www.urbanisme.equipement.gouv.fr

www.gart.org

www.transbus.org/dossiers/tramway.htlm

Liens avec : PDU, VILLE DURABLE

TRAÇABILITÉ

La qualité d'un produit ne dépend pas uniquement de son origine, de ses conditions de fabrication ou de ses caractéristiques techniques et innovantes.

La qualité, c'est aussi la capacité de démontrer la réalité des spécificités de ce produit à tous les stades de son élaboration et de sa distribution. Sa traçabilité, que les entreprises sont dans l'obligation d'aller chercher bien au-delà du cahier des charges, dresse un état précis du processus et de ses conditions d'élaboration. L'affaire dite «de la vache folle» a mis cruellement en lumière l'importance de la traçabilité qui rime aujourd'hui avec sécurité (alimentaire). **On veut aujourd'hui savoir tout sur tout et c'est bien légitime.**

Pour en savoir plus :
www.tracabilite-rfid.com
www.maferme.com
www.invs.ante.fr
www.liste-hygiene.org/veille;htlm
Liens avec : AGRICULTURE BIOLOGIQUE, LABELS, NORMES, OGM

URBANISME

L'urbanisme est le souci de la structure, de la coordination et du contrôle de l'usage du sol dans le développement des villes. Depuis 1961 les terrains construits en France ont augmenté de près de 60 %, signe évident d'une urbanisation accélérée. C'est un enjeu immense puisqu'il s'agit de régir les affectations des sols et l'organisation de la construction, des domaines qui concernent au premier chef l'environnement. La maîtrise de l'urbanisme est un élément majeur de toute politique environnementale.
Pourtant, en termes strictement administratifs, l'urbanisme en France relève de la Construction, de l'Équipement et des Travaux Publics, non de l'Environnement ! Ce qui explique les divergences administratives notables en ce qui concerne l'appréciation des lois et règlements environnementaux. Depuis 1992 et les lois de décentralisation, c'est le maire qui délivre le permis de construire dont la seule contrainte est d'être conforme au Plan d'Occupation des Sols (POS) établi par la commune. Juge et partie, le maire est soumis à de multiples pressions. La révision d'un POS ou la mise en place d'un PLU, est pour une équipe municipale l'acte politique majeur d'une gestion communale. C'est l'aboutissement d'une orientation en matière de développement. Ces PLU ne prennent généralement pas assez en compte la dégradation des paysages, les mitages de l'urbanisation faite au coup par coup, sans plan d'ensemble, sans préoccupation environnementale ni prescription paysagère.

<u>Pour en savoir plus :</u>
www.equipement.gouv.fr
www.urbanisme.equipement.fr
www.fne.asso.fr
Liens avec : ÉCOLOGIE URBAINE, ENQUÊTE PUBLIQUE, HABITAT, PLU, PPR, SCOT, SRU, VILLE DURABLE, ZAC, ZONAGE, ZPR

VALORISATION

Opposée à l'élimination, la valorisation consiste en réemploi, recyclage ou tout autre action visant à donner de nouvelles vies aux matériaux composant les déchets comme à obtenir de l'énergie (par incinération avec la récupération de la chaleur).

<u>Pour en savoir plus :</u>
www.ademe.fr
Liens avec : COLLECTE SÉLECTIVE, DÉCHETS MÉNAGERS, INCINÉRATION, MÉTHANISATION

VÉLO

Alors que le vélo est la troisième activité sportive préférée des Français, après la marche et la natation, seulement 2 % des déplacements en ville se font à vélo ! Trafic soutenu, mauvais temps et vols expliquent ce faible score. Pourtant le vélo, sans pour autant prétendre remplacer la voiture, pourrait devenir un moyen de locomotion efficace pour peu qu'une politique volontaire en sa faveur voie le jour : création de pistes cyclables protégées, itinéraires balisés dans la ville, parkings adaptés, circuits cyclables reliant les communes entre-elles...
À travers l'adoption des PDU, les agglomérations se voient encouragées à définir une véritable politique de promotion du vélo dans les transports urbains.
La bonne nouvelle est que la bicyclette se vend bien, puisqu'on en vend dans le monde 2 fois plus que de voitures (101 millions en 2000). Aujourd'hui en France c'est le vélo tout-terrain (VTT) qui a la cote, loin devant le vélo de ville, prouvant notre goût pour le grand air et la nature.
Santé et convivialité vont souvent de pair avec la pratique de la «petite reine».
En l'utilisant en ville, on gagnerait aussi du temps.

Pour en savoir plus :
www.certu.fr
www.tousavelo.com
www.af3v.org
www.fubicy.org
Liens avec : PDU, VILLE DURABLE, VOITURE

VILLE DURABLE

1 300 collectivités locales européennes représentant quelques 100 millions d'habitants ont décidé de participer à la campagne des villes européennes pour le développement durable en s'engageant dans des programmes dits «Agenda 21». Diverses initiatives pour des villes durables ont généré un réseau très actif avec, en mai 1994, la première Conférence des villes durables, à Aalborg (Danemark), soutenue par la Commission européenne. Le succès et le dynamisme de ce réseau ne se démentent pas comme ont pu le constater les participants de la 4e Conférence européenne qui s'est tenue une nouvelle fois à Aalborg en juin 2004.

On peut se laisser aller à rêver d'une municipalité qui :

- dresse un PLU comportant des zones d'habitation en Haute Qualité Environnementale (HQE),
- inclue dans les cahiers des charges des maîtres d'œuvre des contraintes environnementales à respecter,
- arrête l'urbanisation dans les zones réputées inondables,
- conserve en zones périurbaines des paysages de qualité respectant l'espace rural alentour,
- se dote d'une Charte pour l'Environnement, première étape vers la mise en place d'un Agenda 21,
- développe la concertation, par une citoyenneté active des habitants dans des comités de quartiers, et la dynamisation des commissions extra-municipales.
- accélère la formation générale des personnels municipaux en matière de développement durable et favorise la transversalité des services en matière de protection de l'environnement,
- diligente un bilan de consommation énergétique et introduit une bonne part d'énergies renouvelables dans les bâtiments publics,
- mets en place un plan de lutte contre les nuisances sonores en élaborant une Charte contre le bruit,

- crée un Observatoire de la qualité de l'air géré par un organisme agréé indépendant,
- choisit une politique d'accès à l'eau et à l'assainissement avec la possibilité d'une gestion, mais que leur choix soit réversible. Si cette gestion est confiée au privé, la transparence doit être aussi de mise et le contrôle par les acteurs locaux encouragé,
- intègre la ville à un SDA,
- crée un circuit de récupération de l'eau avec un réseau de récupération des eaux de pluie pour les espaces verts et l'entretien des voiries,
- certifie ISO 14001 sa station d'épuration,
- développe une politique de transports en commun avec tramway et/ou bus roulant aux biocarburants, avec désserte des quartiers excentrés,
- se dote d'un parc automobile municipal (berlines et fourgonnettes) roulant au GPL ou au GNV (gaz naturel véhicules),
- adopte un schéma directeur de circulation en cohérence avec le PDU.
- crée dans la ville des continuités piétonnes et des pistes cyclables sécurisées,
- réduit la part de l'automobile et favorise la location de vélos dans les centres-villes,
- entoure le cœur de ville de parkings peu onéreux,
- développe l'architecture végétale urbaine avec une politique de l'arbre enrichissant le patrimoine arboricole de la cité,
- aménage des espaces verts en continuité (trame verte),
- met en place dans tous les quartiers la collecte sélective des déchets ménagers, et ouvre des déchetteries facilement accessibles pour les particuliers,
- attribue des composteurs individuels aux propriétaires de jardins,
- utilise pour tout l'éclairage public les ampoules basses consommation économes d'énergie,
- achète pour les services de la ville des produits issus du commerce équitable,
- s'engage dans une politique de jumelage renforçant le partenariat et le contenu des échanges en faveur de l'aide aux populations du Sud mais aussi de l'Est de l'Europe,

<u>Pour en savoir plus :</u>
www.amf.asso.fr
www.ecomaires.com
http://isotran.free/D-aalborg.htm
www.aalborgplus10.dk
www.enuro2b.com
www.global-vision.org - www.cidem.org
Liens avec : AGENDA 21, CHARTES POUR L'ENVIRONNEMENT, ÉCOLOGIE URBAINE,

VOITURE

La voiture fait partie intégrante de notre vie quotidienne. Elle demeure, et de loin, le moyen de locomotion le plus utilisé par nos concitoyens qui utilisent en moyenne deux véhicules par famille. Si la voiture de 2020 devrait polluer 20 fois moins que celle d'aujourd'hui, cela changera peu les statistiques en la matière, car le parc automobile est en permanente augmentation et se renouvelle lentement (un Français change de voiture en moyenne tous les 8 ans). En 50 ans, le parc automobile mondial est passé de 50 à 600 millions d'unités… Qu'en sera-t-il demain avec le décollage consumériste annoncé de la Chine et de l'Inde ?

L'automobile est la première productrice de pollution urbaine avec les émissions de dioxyde de carbone (CO_2) et d'oxydes d'azote (NOx), responsable de l'effet de serre au plan mondial. Le benzène est un toxique cancérigène. Son émission de fines particules (par évaporation des gaz d'échappement) est responsable de leucémies et de maladies cardio-vasculaires. Les concentrations d'émissions de benzène se retrouvent dans les «bouchons», les carrefours, les grands axes routiers…

Les automobiles 4x4, dont les ventes sont en augmentation constante (paradoxalement dans les grandes agglomérations!), émettent en moyenne 350g de CO_2 par kilomètre… (2,5 fois plus qu'une voiture aux normes moyennes). Leur empreinte écologique est deux fois supérieure à celle d'une voiture familiale aussi spacieuse ! Il faudrait appliquer aux 4x4 le principe du pollueur-payeur en taxant sévèrement ce genre de véhicule, non pas à l'achat comme cela semble prévu, mais plutôt annuellement, car les 4x4 concourent à l'augmentation de la pollution de l'air en ville dans notre pays (+ 12 % de 1995 à 2005). Les progrès constants qui rendent les voitures toujours plus propres sont, *de facto,* annulés par l'extension régulière du trafic. Une réduction des émissions de CO_2 s'impose dans un pays qui les a augmentées de 21 % de 1990 à 2002. Brider la puissance des moteurs pourrait, à terme, devenir l'ultime mesure radicale envisagée pour stopper un processus peu maîtrisable.

La voiture de demain pourrait rouler au gaz naturel en bi-carburation (avec aussi un réservoir essence). En Europe, l'Italie est aujourd'hui leader avec plus de 400 000 véhicules au GNV (gaz naturel véhicules). Parce qu'étant un carburant propre, le GNV pourrait devenir une solution pour l'environnement et la diversification énergétique. L'éco-citoyen se doit de rester économe, autant que faire ce peu, de l'utilisation de son automobile. À son volant, il adopte une conduite souple sans démarrage ou freinage brutal, permettant de réduire jusqu'à 40 % sa consommation.

Pour en savoir plus :
www.effet-de-serre.gouv.fr

www.clean-auto.com
www.afsse.fr
www.anti4x4.net
www.covoiturage.com
http://europa.eu.int/comm/environment/autooil/index.htm
http://prevair.ineris.fr

Liens avec : AIR, BIOCARBURANTS, EMPREINTE ÉCOLOGIQUE, PDU, POLLUEUR-PAYEUR, VILLE DURABLE

ZONAGE

Il existe plusieurs types de zonages dans les POS concernant l'impact de l'aménagement, l'agriculture et l'environnement.
Zone U : zones urbaines immédiatement constructibles.
Zone NA : zones naturelles pouvant évoluer même en zone constructible.
Zone NC et NB : zones réservées à l'agriculture.
Zone ND : zone naturelle protégée où l'on ne peut ni construire, ni creuser, ni remblayer. Toutefois des aménagements légers, de loisirs sont possibles.

<u>Pour en savoir plus :</u>
www.equipement.gouv.fr
(Voir aussi PLU, SRU, URBANISME, ZAC)

ZONE D'AMÉNAGEMENT CONCERTÉ (ZAC)

Une ZAC peut se créer dans une zone déjà urbanisée ou dans une zone NA (constructible) adaptée aux règles d'urbanisme en vigueur. Tout projet de ZAC doit être soumis aux habitants des quartiers environnants lors de la concertation préalable et, plus tard, au cours de l'enquête publique. En principe ces deux consultations permettent d'informer les populations concernées et de recueillir leurs suggestions ou leurs critiques. À l'opposé du lotissement, la procédure d'aménagement d'une ZAC est beaucoup plus longue (un an en moyenne).

<u>Pour en savoir plus :</u>
http://lexinter.net/URBANISME/creation_de_zone_d'amenagement_concerte.htm

Liens avec : CONCERTATION, ENQUÊTE PUBLIQUE, SRU, URBANISME, ZONAGE

ZONE DE PROTECTION DU PATRIMOINE ARCHITECTURAL, URBAIN ET PAYSAGER (ZPPAUP)

Les ZPPAU ont été créées en janvier 1983 autour de monuments historiques, de quartiers et de sites à protéger ou à mettre en valeur, avec la loi Paysage du 8 janvier 1993 la dimension paysagère s'y rajoute pour devenir ZPPAUP. L'origine des ZPPAU n'est malheureusement pas à rechercher dans une interrogation sur la nature du patrimoine à conserver ou sur les moyens de sa mise en valeur, mais uniquement dans une volonté de redéfinir contractuellement les pouvoirs de l'État, au travers l'action des Bâtiments de France, et des collectivités locales.

Les nouvelles procédures, issues des lois de décentralisation, permettent aux collectivités et aux Bâtiments de France, à travers son architecte, de déterminer conjointement la délimitation de la zone (article L.123-1-7 du Code de l'Urbanisme). C'est l'architecte des Bâtiments de France, qui, sous l'autorité du préfet, instruit les dossiers de ZPPAUP.

Pour en savoir plus :
www.ecologie.gouv.fr
www.urbanisme.equipement.fr
Liens avec : AFFICHAGE, DIREN, PLU, SCOT, SITE CLASSÉ, SRU, URBANISME, ZPR

ZONE DE PROTECTION SPÉCIALE (ZPS)

L'Union Européenne met l'accent sur la préservation, le maintien et le rétablissement d'une diversité et d'une superficie suffisantes d'habitats naturels favorables à la conservation des espèces. Ces zones sont classées en Zone de Protection Spéciale (ZPS). Les territoires les plus appropriés composent le réseau Natura 2000.

Pour en savoir plus :
http://natura2000.environnement.gouv.fr
http://europa.eu.int/comm/environment/nature/legis.htm
Liens avec : EUROPE-LIFE, NATURA 200, RÉSERVES NATURELLES, ZICO, ZNIEFF

ZONE DE PUBLICITÉ RESTREINTE (ZPR)

Dans les ZPR, la publicité est soumise à des prescriptions plus restrictives que dans le régime général fixé par la loi (restriction des hauteurs, limitations du nombre de panneaux, interdictions...) ou plus rarement en assouplissant les contraintes et en réintroduisant de la publicité dans un secteur sauvegardé où la loi l'interdisait. Les Zones de Publicité Élargie (ZPE), sont, bien évidemment, contestées par toutes les associations antipublicitaires.

Pour en savoir plus :
www.afirpourlenvironnement.org/campagnes/c17.htm
www.association-patrimoine.org
www.fne.asso.fr
Liens avec : AFFICHAGE, PUBLICITÉ, SITE CLASSÉ, VILLE DURABLE, ZPPAUP

ZONE IMPORTANTE POUR LA CONSERVATION DES OISEAUX (ZICO)

Un inventaire de Zone Importante pour la Conservation des Oiseaux (ZICO) de 285 sites a été réalisé dans le cadre de la Directive européenne 79/409/CEE dite Directive «Oiseaux» prévoyant la protection des zones de reproduction, de mue, d'hivernage ou de migration des oiseaux sauvages.

Pour en savoir plus :
www.ecologie.gouv.fr
Liens avec : DIREN, EUROPE-LIFE, NATURA 2000, ZNIEFF, ZPS

ZONE NATURELLE D'INTÉRÊT ÉCOLOGIQUE, FLORIQUE ET FAUNIQUE (ZNIEFF)

On différencie les ZNIEFF de type 1, qui sont des sites précis souvent peu étendus mais d'une grande valeur écologique, des ZNIEFF de type 2 qui sont, pour leur part, des grands ensembles naturels peu altérés. L'inventaire des ZNIEFF a identifié près de 15 000 sites dans les régions françaises, il est disponible via Internet.

La Commission Départementale des Sites Perspectives et Paysages (CDSPP) peut être consultée par la préfecture sur les questions liées aux ZNIEFF. Le zonage ZNIEFF n'implique pas de protections juridiques fortes, au contraire des zones de protection spéciale (Natura 2000).

Pour en savoir plus :
www.ecologie.gouv.fr
http://natura2000.environnement.gouv.fr
Liens avec : DIREN, NATURA 2000, RÉSERVES NATURELLES, ZICO, ZPS

Les outils JURIDIQUES de l'éco-citoyen

> Loi du 1er juillet 1907 sur les associations.

> Loi du 2 mai 1930 sur la protection des sites.

> Loi n° 75-602 du 10 juillet 1975 créant le Conservatoire de l'espace littoral et des rivages lacustres, insérée dans le Code Rural.

> Loi 75-633 du 15 juillet 1975 relative à l'élimination des déchets et à la récupération des matériaux. Elle a été complétée le 13 juillet 1992 (loi Royale L92.646) et le 2 février 1993 (loi Barnier L95.101).

> Loi du 10 juillet 1976 sur la protection de la nature, du patrimoine biologique (faune, flore, réserves naturelles). Loi intégrée aujourd'hui au Code de l'Environnement.

> Loi 76.663 du 19 juillet 1976 relative aux installations classées pour la protection de l'environnement (ICPE).

> Loi du 17 juillet 1978 sur l'accès aux documents administratifs.

> Directive européenne adoptée le 2 avril 1979. Directive dite «Oiseaux» (79/409//CEE).

> Loi 79-1150 du 29 décembre 1979 sur l'affichage, intégrée par la suite au Code de l'Environnement (article L 581-8, L 581-5, L581-35).

> Circulaire du 5 février 1981 relative au contrat de rivières et de baies (actualisée par la nouvelle circulaire du 30 janvier 2004).

> Loi du 7 janvier 1983 créant les ZPPAU qui deviendront par la loi du 8 janvier 1993 les ZPPAUP incorporant un volet paysager.

> Loi n° 83-630 du 12 juillet 1983 dite loi Bouchardeau qui permet une démocratisation des procédures d'enquêtes publiques.

> Loi 85-30 du 9 janvier 1985 (loi Montagne).

> Loi n° 86-2 du 3 janvier 1986 (loi Littoral) articles L.321-1 et suivants du Code de l'Environnement.

> Loi du 22 juillet 1987, n° 87-565, articles 40-1 à 40-6, relative à l'organisation de la sécurité civile.

> Décret du 3 janvier 1989 relatif à la consommation d'eau, à la qualité de l'eau du robinet et aux paramètres essentiels de potabilité.

> Directive européenne du 21 mai 1991 relative aux traitements des eaux résiduaires urbains.

> Décret n°91.732 du 26 juillet 1991 relatif au rôle de l'ADEME.

> Loi sur l'eau n°92-3 du 3 janvier 1992.

> Directive européenne du 21 mai 1992 dite «Habitats» (92/43/CEE).

> Loi du 13 juillet 1992 sur les déchets.

> Loi du 31 décembre 1992 fixant les infractions en matière de bruit.

> Loi du 8 janvier 1993 dite loi Saumade n°93-24, concernant l'industrie extractive et les règlements de gestion des carrières.

> Loi Paysage du 8 janvier 1993.

> Circulaire du 24 janvier 1994 sur la prévention des inondations et gestion des zones inondables.

> Règlement européen du 24 juin 1994 fixant les règles pour la certification AB pour l'agriculture biologique.

> Loi du 2 février 1995 relative à l'environnement renforçant la loi du

17 juillet 1978 relative à l'accès du public aux documents administratifs.

> Loi n° 95-101 du 2 février 1995 relative au renforcement de la protection de l'environnement, article 52 devenant l'article L. 111-1-4 du Code de l'urbanisme.

> Décret 95-409 du 18 avril 1995 relatif à la lutte contre le bruit de voisinage.

> Décret 95-1089 du 5 octobre 1995 relatif aux PPR modifiant la loi du 22 juillet 1987.

> 5 juillet 1996. Charte de la Concertation en matière d'environnement.

> Directive européenne du 9 décembre 1996, dite «Séveso II» sur les installations classées contenant des substances dangereuses.

> Loi sur l'air et l'utilisation rationnelle de l'énergie du 30 décembre 1996, dite LAURE ; article 19 sur le volet santé dans les études d'impact.

> Décret du 7 février 1997 renforçant les mesures de préventions contre l'amiante dans les bâtiments publics ou privés construits avant 1997.

> Circulaire du 10 novembre 1997 sur l'inventaire des décharges brutes.

> Loi du 18 juin 1998 approuvant l'accord international sur les bois tropicaux (Objectif 2000).

> Décret du 17 août 1998 de la loi sur l'air, concernant les procédures d'alerte (article L-223-1 de la loi).

> Loi de finances n°98-1266 du 30 décembre 1998, instituant une Taxe Générale sur les Activités Polluantes (TGAP)

> Décret n° 99-66 du 26 janvier 1999 concernant la communication systématique d'informations sur les substances chimiques existantes.

> Décret du 17 juin 1999 n°99-508 sur la TGAP et le principe polueur-payeur.

> Loi d'orientation du 25 juin 1999 pour l'Aménagement et le Développement Durable du Territoire (LOADDT) n°99-533.

> Circulaire du 27 janvier 1999 concernant les mesures du radon à effectuer dans les bâtiments publics accueillant du public.

> Circulaire du 15 juillet 1999 relative aux installations de traitement de déchets et la création de Commissions Locales d'Information et de Surveillance (CLIS).

> Règlement européen n°49/2000 du 10 janvier 2000 concernant la mention obligatoire d'information dans l'étiquetage de certains produits alimentaires à partir d'OGM.

> Arrêté du 10 mai 2000 pour les installations classées de type «Séveso II».

> Loi n° 2000-645 du 10 juillet 2000 autorisant l'approbation du protocole de Kyoto.

> Réglement n°1980/2000 du Parlement européen du 17 juillet 2000 établissant un système communautaire révisé d'attribution du label écologique.

> Arrêté du 8 décembre 2000 portant sur la création d'un Conseil National du Paysage (CNP).

> Loi n° 2000-1208 du 13 décembre 2000 relative à la Solidarité et au Renouvellement Urbains (SRU).

> Ordonnance n°2000-914 du 18 septembre 2000 adoptant le Code de l'Environnement.

> Directive 2001/18/CE du Parlement et du Conseil européen, du 12 mars 2001 relative à la maîtrise de la dissémination d'OGM dans l'environnement.

> Circulaire du 28 mars 2001 sur la publicité en milieu scolaire.

> Loi n°2001-398 du 9 mai 2001 relative à la création de l'Agence Française de la Sécurité Sanitaire Environnementale (AFSSE).

> Loi du 15 mai 2001 relative aux Nouvelles Régulations Économiques (NRE).

> Convention de Stockholm. Signature le 23 mai 2001 ratifiant l'interdiction des Polluants Organiques Persistants (POP).

> Décret n°2001-449 du 25 mai 2001 sur l'instauration des Plans de Protections de l'Atmosphère (PPA).

> Loi d'orientation n°2001-602 du 9 juillet 2001 sur la Forêt et la prévention des incendies.

> Arrêté du 21 août 2001 relatif à la lutte contre les nitrates et les programmes d'action dans les zones sensibles.

> Décret n°2001-840 du 13 septembre 2001 relatif à la protection de la population contre les risques sanitaires liés à une exposition à l'amiante.

> Directive européenne 2001/77/CE du 27 septembre 2001 relative à la production d'électricité à partir d'énergies renouvelables.

> Décret n°2001-1031 du 8 novembre et décret n° 2001-1216 du 20 décembre 2001 relatif à la procédure de désignation et de gestion des sites NATURA 2000 modifiant le code rural.

> Directive européenne du 25 janvier 2002 sur le bruit.

> Décret du 20 février 2002. Article 116 sur l'obligation de publication des indicateurs environnementaux liés à l'application de la loi NRE.

> Loi 2002.276 du 27 février 2002 relative à la démocratie de proximité (participation du public à l'élaboration des projets d'aménagement ou d'équipement ayant une incidence sur l'environnement et l'aménagement du territoire).

> 1er mars 2002 création de l'Agence Française de Sécurité Sanitaire Environnementale (AFSSA).

> Décret du 6 avril 2002 (article R.43-10) précisant les obligations en matière de dépistage du radon.

> Décret n°2002-1275 du 22 octobre 2002 concernant l'organisation du débat public par la CNDP.

> Loi du 3 janvier 2003 pour la possibilité de création de schémas régionaux éoliens.

> Décret n°2003-36 du 13 janvier 2003 portant création du CNDD.

> Loi n°2003-699 du 30 juillet 2003 sur la prévention des risques technologiques et naturels et réparation des dommages.

> Décret n°2003-767 modificatif du 1er août 2003 sur les enquêtes publiques et les études d'impact.

> Règlement communautaire du 22 septembre 2003 concernant la traçabilité et l'étiquetage des OGM et des produits fabriqués à partir d'OGM.

> Directive européenne n°2003/87/CE du 13 octobre 2003 sur le système d'échange de quotas d'émission de gaz à effet de serre.

> Décret n°2004-195 du 24 février 2004 sur les plans régionaux de la qualité de l'air.

> 3 mars 2004, décision du Conseil d'État reconnaissant la responsabilité de l'État dans les maladies contractées par exposition aux poussières d'amiante.

> Ordonnance n°2004-489 adoptée le 3 juin 2004 prévoyant l'évaluation environnementale dans les plans et programmes publics pouvant induire une incidence sur l'environnement.

Références BIBLIOGRAPHIQUES

- ASCHIERI (André) : *La France toxique.* Éditions La Découverte - 1999
- ASSOCIATIONS. *Législation et réglementation.* Les éditions du Journal Officiel - 2004
- BÉNASAYAG (Miguel), SZTULWARK (Diégo) : *Du contre-pouvoir.* Éditions La Découverte - 2000
- BIDOU (Dominique) : *Tous gagnants.* Éditions Ibis Press - 2004
- BOURG (Dominique) : *Planète sous contrôle.* Les Éditions Textuel - 1998
- BOURGOIN-BAREILLES (A.) : *Guide de l'environnement.* Édition Frison-Roche 1998.
- BOVÉ (José), LUNEAU (Gilles) : *Pour une désobéissance civile.* Éditions La Découverte - 2004
- CASSEURS DE PUB : *Un pavé dans la gueule de la pub.* Édition Parangon - 2004.
- CHASSANDE (Pierre) : *Développement durable Pourquoi ? Comment ?* Édition Edisud - 2002
- CHAIB (Jérome), THOREZ (Jean-Paul) : *Éco-citoyen au quotidien.* Édition du Sang de la terre - 2000
- CODE DE L'ENVIRONNEMENT. *Collection Codes Dalloz.* Édition Dalloz - 2005
- CONSEIL ÉCONOMIQUE ET SOCIAL. *La gestion des déchets ménagers, une responsabilité partagée.* Les Éditions des journaux officiels - 1999
- COURRIER DE L'ENVIRONNEMENT DE L'INRA (Le). *Publication périodique.*
- DELFAU (Gérard) : *Le retour du citoyen. Démocratie et territoire.* Édition de l'Aube - 1994
- DÉOUX (Suzannz et Pierre) : *L'écologie c'est la santé.* Édition Frison-Roche - 1998
- DICTIONNAIRE DU DÉVELOPPEMENT DURABLE. Édition AFNOR - 2004
- DICTIONNAIRE DE L'ENVIRONNEMENT. Édition AFNOR - 2001
- ÉCOLOGIE ET POLITIQUE : *Urbanisme durable ? N°29.* Édition SYLLEPSE - 2004
- ÉCOLOGISTE (L). *Publication trimestrielle.*
- EKWO. *Publication trimestrielle.*
- ENVIRONNEMENT MAGAZINE. *Publication mensuelle.*
- FOLLENFANT (Teddy) : *Développement durable. 21 maires s'engagent.* Éditions du Cherche Midi - 2003

- FRANCE NATURE ENVIRONNEMENT : *Livre blanc sur la prévention des déchets.* Édition FNE - 2001
- FRONTIER (Serge) : *Les écosystèmes.* Coll. Que sais-je ? Éditions des PUF - 1999
- GIORDAN (André), SOUCHON (Christian) : *Une éducation pour l'environnement.* Guides pratiques Z'Éditions - 1991
- ILLICH (Yvan) : *La perte des sens.* Éditions Fayard - 2004
- INSTITUT FRANÇAIS DE L'ENVIRONNEMENT : *L'Environnement en France.* Éditions IFEN et La Découverte - 2002
- KAZAZIAN (Thierry) : *Il y aura l'âge des choses légères. Design et Développement durable.* Victoires-Éditions - 2003
- KEMPF (Hervé) : *La guerre secrète des OGM.* Éditions du Seuil - 2003
- LAPOIX (François) : *Sauver la ville. Écologie du milieu urbain.* Édition Sang de la Terre - 1991
- LARCHER (Gérard) : *La gestion des espaces périurbains.* Édition la Documentation Française - 1999
- LATOUCHE (Serge) : *Survivre au développement.* Édition Mille et Une Nuits - 2004
- LE BOUAR (Claire), BELOTTI (Marie-France) : *Guide écologique de la famille.* Édition du Sang de la Terre - 1992
- LEPAGE (Corinne), GUERY (François) : *La politique de précaution.* Édition des PUF - 2001
- LEPAGE (Corinne) : *De l'écologie hors de l'imposture et de l'opportunisme.* Édition Raphaêl - 2003
- LÉVÊQUE (Christian) : *La biodiversité.* Coll. Que sais-je ? Édition des PUF - 1997
- LORACH (Jean-Marc), QUATREBARBES (Étienne de) : *Guide du territoire durable. L'Agenda 21 pour les collectivités locales et leur partenaires.* Édition Pearson Éducation France - 2002
- MEAR (Georges) : *Nos maisons nous empoisonnent.* Éditions Terre Vivante - 2003
- MENDEL (Gérard) : *Pourquoi la démocratie est en panne. Construire la démocratie participative.* Éditions La Découverte - 2003
- MINISTÈRE DE L'ENVIRONNEMENT : *Actes du colloque sur le Développement durable. Une démarche française.* Édition du ministère de l'Environnement - 1997

Références BIBLIOGRAPHIQUES

- NOVWAK (Françoise) : *Questions d'Assainissement. Le maire et les eaux usées.* Uni Éditions - 1996
- PERLAS (Nicanor) : *La société civile : le troisième pouvoir.* Édition Yves Michel - 2003
- RECYCONSULT : *1001 mots et abréviations de l'environnement et du développement durable.* Recyconsult - 2003
- RÉSEAU ÉCOLE & NATURE : *Guide pratique d'éducation à l'Environnement.* Édition Chronique sociale, Lyon - 1999
- SALOMON(Thierry), AUBERT (Claude) : *Fraîcheur sans clim'.* Éditions Terre Vivante - 2004
- SALOMON(Thierry), BEDEL (Stéphane) : *La maison des mégawatts.* Éditions Terre Vivante - 2004
- SÉRALINI (Gilles-Éric) : *Génétiquement incorrect.* Éditions Flammarion - 2003.
- SOCIÉTÉ FRANCAISE DE SANTÉ PUBLIQUE : *L'incinération des déchets et la santé publique. Bilan des connaissances récentes et évaluation des risques.* Coll. Santé & Société n° 7. Édition SFSP - 1999
- TENZER (Nicolas) : *De quelques paradoxes de l'action dans les démocraties modernes. Prospective pour une gouvernance démocratique.* Édition de l'Aube - 2000
- THEYS (Jacques) : *La gouvernance, entre innovation et impuissance publique : le cas de l'environnement.* Tiré de l'ouvrage : L'aménagement durable : défis et politiques. Sous la direction de Serge Wachter. Édition de l'Aube/datar - 2002
- WINES (James) : *L'Architecture verte.* Édition Taschen - 2000

able des rubriques

A B C D E F G H I J K L M N O P R S T U V Z

> COMMERCE ÉQUITABLE
> COMMISSION D'ACCÈS AUX DOCUMENTS ADMINISTRATIFS (CADA)
> COMMISSION NATIONALE DU DÉBAT PUBLIC (CNDP)
> COMPOST
> CONCERTATION
> CONSEIL D'ARCHITECTURE, D'URBANISME ET D'ENVIRONNEMENT (CAUE)
> CONSEIL DE DÉVELOPPEMENT
> CONSEIL NATIONAL DU DÉVELOPPEMENT DURABLE (CNDD)
> CONSOMMATION

D

> DÉBROUSSAILLAGE
> DÉCHARGES
> DECHETS MÉNAGERS
> DECHETTERIES
> DÉVELOPPEMENT DURABLE
> DIRECTIONS RÉGIONALES DE L'ENVIRONNEMENT (DIREN)
> DIRECTIONS RÉGIONALES DE L'INDUSTRIE, DE LA RECHERCHE ET DE L'ENVIRONNEMENT (DRIRE)

E

> EAU
> EAU DOMESTIQUE
> EAUX PLUVIALES
> ÉCLAIRAGE DOMESTIQUE
> ÉCO-AUDIT
> ÉCO-CITOYENNETÉ
> ÉCOCONCEPTION
> ÉCOLE & NATURE
> ÉCOLOGIE
> ÉCOLOGIE POLITIQUE
> ÉCOLOGIE URBAINE
> ÉCOMUSÉE
> ÉCOTOURISME
> EMPREINTE ÉCOLOGIQUE
> ÉNERGIE BOIS
> ÉNERGIE ÉOLIENNE
> ÉNERGIE HYDRAULIQUE
> ÉNERGIE SOLAIRE

O

> ORGANISME GÉNÉTIQUEMENT MODIFIÉ (OGM)

P

> PARC NATUREL RÉGIONAL (PNR)
> PAVILLON BLEU
> PÉRIMÈTRE DE PROTECTION
> PESTICIDES
> PHOSPHATES
> PILES (Élimination)
> PLAN DE DÉPLACEMENT URBAIN (PDU)
> PLAN DE PRÉVENTION DE L'ATMOSPHÈRE (PPA)
> PLAN DE PRÉVENTION DES RISQUES (PPR)
> PLAN LOCAL D'URBANISME (PLU)
> PLASTIQUES
> POLLUANTS ORGANIQUES PERSISTANTS (POP)
> POLLUEUR-PAYEUR (Principe du)
> PRÉCAUTION (Principe de)
> PUBLICITÉ

R

> RADON
> RÉDUCTION À LA SOURCE
> RÉFÉRENDUM D'INITIATIVE POPULAIRE
> RÉSERVES NATURELLES
> REVERSIBILITÉ (Principe de)
> RIVIÈRE (Contrats de)

S

> SATURNISME
> SCHÉMA DE COHÉRENCE TERRITORIALE (SCOT)
> SCHÉMA DÉPARTEMENTAL D'AMÉNAGEMENT ET DE GESTION DES EAUX (SDAGE)
> SCHÉMA DÉPARTEMENTAL D'ASSAINISSEMENT (SDA)
> SITE INSCRIT OU CLASSÉ
> SOLIDARITÉ & RENOUVELLEMENTS URBAINS (SRU)
> STATION D'ÉPURATION
> SUBSTITUTION (Principe de)

T

> TAGS
> TRACABILITÉ
> TRAMWAY

Couverture : Michel Bachès pour MB&A
Maquette : Catherine Jégou pour MB&A
Impression : Alzamora - Gérona (Espagne)
ISBN : 2-9523275-7-2
Code : 9 782952 327572

11, rue de la Tramontane - 66600 Calce
neree.ed@wanadoo.fr
Dépot légal : février 2005